REVUE DES DEUX MONDES

Sommaire OCTOBRE 2024

4 Éditorial. Le Prince nomade
Aurélie Julia

7 Le trait d'**Urbs**

Dossier – Redécouvrir Saint-Exupéry

10 Un illustre méconnu
Jean-Claude Perrier

15 Inédit – Ceux de la Ligne
Antoine de Saint-Exupéry

21 En quête d'amour
Alain Vircondelet

28 L'Aéropostale : une aventure humaine et littéraire
Christian Authier

34 Au temps de la France libre
Yves de Gaulle

46 Épopée cinématographique
Frédéric d'Agay

52 Avec Gide, un lien d'amitié et d'admiration
Stéphane Guégan

58 Léon Werth, l'ami et l'inspirateur
François Gerber

64 *Le Petit Prince* au grand bal des collectionneurs
Benoît Forgeot

70 Ma grand-mère, Molière et le rire de Saint-Exupéry
Stéphane Barsacq

Dossier – L'Amérique aux urnes

78 Donald Trump, anomalie ou révélateur de la démocratie américaine ?
Corentin Sellin

85 L'endettement public, ressort ou poison ?
Annick Steta

92 Dans l'œil des écrivains
Paulina Dalmayer

Littérature

102 Carnets du Japon : *onsen*, bains de sagesse
Michaël Ferrier

108 Olivier Jobard, photographe de l'exil
Aurélie Julia

113 Le Renard et La Fontaine : autoportrait
Judith Sibony

119 « La chair est triste, hélas ! » Vers le secret de Mallarmé
Michel Brix

Études, reportages, réflexions

126 Benoist de Sinety, de vicaire général à simple curé
Christine Clerc

131 Éloge de la répétition
Catherine Van Offelen

138 Entretien avec Jean Borella. « Il n'y a de progrès infini que dans l'Infini »
Pauline de Préval

143 Mémoire traumatique et poutinisme
Pierre de Senarclens

Critiques

152 LIVRES – *Vade-mecum* pour un gouvernement
Annick Steta

154 LIVRES – Impostures, secrets et complots sous la IVe République
Olivier Cariguel

157 LIVRES – Montesquieu modérateur
Michel Delon

160 LIVRES – Préservons Kafka des « kafkolâtres »
Frédéric Verger

164 LIVRES – Yasmina Reza, unique et rock
Marin de Viry

166 LIVRES – Bible océanique
Christiane Rancé

169 LIVRES – Une saison en Lituanie
Yves Delafoy

171 LIVRES – Schopenhauer poète : révéler l'harmonie cachée
Céline Laurens

174 FILMS – Sévigné, Bonnard, Ravel : trois biopics et des faux pas
Richard Millet

177 MUSIQUE – Brahms et Dvořák
Olivier Bellamy

180 EXPOSITIONS – Gustave Caillebotte, un impressionniste à part
Stéphane Lambert

Notes de lecture

Éditorial

Le prince nomade

Mercredi 5 janvier 1938. Antoine de Saint-Exupéry est heureux : il embarque au Havre sur le paquebot *Île-de-France* en direction de l'Amérique avec son fidèle mécanicien André Prévot. Le voyageur emporte avec lui de drôles de bagages : un avion en pièces détachées ! Il vérifie ses malles et compte ses caisses : elles sont toutes là, il peut partir. Deux ans plus tôt, l'aviateur a réalisé l'un de ses rêves les plus chers : posséder son propre appareil. Missionné par la jeune compagnie Air France pour une campagne de presse autour de la Méditerranée, il a parcouru 11 000 kilomètres aux commandes de son Simoun C630. À chaque escale, le public venait nombreux écouter le célèbre pilote et écrivain vanter les mérites de l'aviation française. En ce début d'année 1938, ce n'est pas une tournée promotionnelle qui motive son départ pour les États-Unis mais un projet fou : relier New York à la Terre de Feu, cet archipel situé à la pointe du continent sud-américain. Il veut accomplir l'exploit à bord du Simoun, qui, pour l'heure, se trouve démonté dans la soute.

Saint-Exupéry fume sur le pont. Un vent glacial lui fouette le visage. Il regarde l'immensité et médite, comme il aime le faire lorsqu'il est seul dans un café, en plein désert ou au milieu des nuages. À la fois calme et excité, il se sent libre et cette sensation le repose. Ce grand gaillard, né le 29 juin 1900 à Lyon, cache en effet une nature inquiète : des doutes l'oppressent, des angoisses le poignent. Souvent tenaillé par la tristesse et la mélancolie, Saint-Exupéry souffre de solitude intérieure : il cherche la femme qui comblera cette impression de vide si présente en lui. À 23 ans, il croit découvrir la perle rare avec Louise de Vilmorin mais la promise rompt brutalement ces « fiançailles pour rire ». La blessure est profonde. Le jeune homme multiplie les conquêtes amoureuses. Filles de joie, bourgeoises, aristocrates, artistes : le palmarès est éclectique. Son mariage avec la pétulante Consuelo Suncín en 1931 ne freine pas ses ardeurs. Est-il un don Juan des temps modernes ? Le biographe et essayiste Alain Vircondelet en propose une autre lecture dans notre numéro.

Sur le plan social, Saint-Exupéry doit affronter les critiques et les jalousies de ses contemporains. Le succès de ses livres lui est reproché, ses prouesses aériennes ne sont pas reconnues. On le considère comme un amateur de lettres et un acrobate fantaisiste. Il enrage. Une lettre adressée à son ami Henri Guillaumet, en partie inédite, témoigne de son amertume et de sa peine. Nous la reproduisons dans notre dossier grâce au libraire Benoît Forgeot.

Le contexte mondial n'est pas non plus rassurant : terreur stalinienne, guerre civile en Espagne, avènement de l'Italie fasciste, basculement de l'Allemagne dans le nazisme… Le reporter, qui travaille entre autres pour *Paris-Soir* et *L'Intransigeant,* voit l'horizon s'assombrir lorsqu'il couvre l'actualité. Le journalisme ne lui plaît pas. La profession lui permet de redresser ses finances catastrophiques, mais les contraintes sont trop pesantes : vivre dans le réel et respecter les dates butoirs ne relève pas de son tempérament. Saint-Exupéry est un rêveur à l'imagination foisonnante. Il a gardé cette âme d'enfant curieuse de tout. Il invente des moteurs, des machines, des systèmes mécaniques, il dépose des brevets. Il veut s'affranchir des frontières et vise sans cesse à dépasser ses propres limites. C'est pourquoi il souhaite dès que possible s'envoler dans les airs. Là-haut, où il ne ressent plus la pesanteur de son époque, il se fond dans l'infini.

Le 15 février 1938, le Simoun décolle, mais l'aventure s'arrête au Guatemala dès le lendemain : l'avion aux réservoirs mal équilibrés s'écrase en bout de piste. Saint-Exupéry est plongé dans le coma. Ce n'est guère son premier ni son dernier accident, mais cette fois-ci la convalescence est longue : son corps accuse le coup, il a huit fractures. À son retour à New York, en piteux état, ses éditeurs l'incitent à écrire un autre livre. Il rédige *Terre des hommes*, un récit autobiographique étayé par de belles réflexions sur l'héroïsme, l'amitié, la mort, le rapport à l'existence. L'écrivain se révèle un grand humaniste à travers cette publication et celles à venir : *Pilote de guerre*, *Le Petit Prince* et *Citadelle*, une œuvre posthume inachevée.

« Ah !... général, il n'y a qu'un problème, un seul de par le monde : rendre aux hommes une signification spirituelle, des inquiétudes spirituelles. Faire pleuvoir sur eux quelque chose qui ressemble à un chant grégorien. (1) »

À l'instar de Simone Weil et de Georges Bernanos, Saint-Exupéry dénonce la modernité qui transforme la civilisation en termitière. L'homme devenu robot se contente de produire et de consommer. Il perd le sens primordial des choses. Pour sortir de ce piège, l'être humain doit retrouver sa puissance créatrice et se battre afin de préserver son « empire intérieur » attaqué de toute part. Saint-Exupéry a la clairvoyance des poètes. Lisons et relisons ce chantre de la vie et de la liberté pour sans cesse le redécouvrir (2).

« Je ne regrette rien. J'ai joué, j'ai perdu. C'est dans l'ordre de mon métier. Mais, tout de même, je l'ai respiré, le vent de la mer. Ceux qui l'ont goûté une fois n'oublient pas cette nourriture. N'est-ce pas, mes camarades ? Et il ne s'agit pas de vivre dangereusement. Cette formule est prétentieuse. Les toréadors ne me plaisent guère. Ce n'est pas le danger que j'aime. Je sais ce que j'aime. C'est la vie. (3) »

L'Amérique, qui sut si bien accueillir Saint-Exupéry, prépare ses élections. La scène politique mondiale attend fébrilement les résultats. Qu'il soit réélu ou non, Donald Trump a bouleversé les valeurs du pays par sa brutalisation du discours. Est-il un accident de l'histoire ou le symptôme d'une dérive de la démocratie américaine ? Le professeur Corentin Sellin, spécialiste des États-Unis, nous répond.

Bonne lecture !

Aurélie Julia

1. Antoine de Saint-Exupéry, « Lettre au général X », in *Un sens à la vie*, Gallimard, 1956.
2. Nous tenons à remercier la Fondation Saint-Exupéry pour la jeunesse, et notamment Alexandre Tanase, pour leur accueil et leurs précieux conseils.
3. Antoine de Saint-Exupéry, *Terre des hommes*, Gallimard, 1939.

À l'occasion de la sortie de ce numéro, la *Revue des Deux Mondes* organise deux rencontres :

« Les amours de Saint-Exupéry », avec Alain Vircondelet, mercredi 2 octobre, à 19 heures, à l'Hôtel La Louisiane, 60, rue de Seine, Paris VIe.

« Saint-Exupéry, illustre méconnu », avec Jean-Claude Perrier et Stéphane Guégan, mardi 15 octobre, à 19 h 30, au Collège des Bernardins, 20, rue de Poissy, Paris V[e].

www.revuedesdeuxmondes.fr.

SACRÉ ST EXUPERY
AÉROPOSTALE AU SÉNÉGAL
REPORTER AU VIETNAM
RÉSISTANT À NEW YORK
MAIS DESSINATEUR ANIMALIER MOYEN
u r b s

DOSSIER

REDÉCOUVRIR SAINT-EXUPÉRY

10 Un illustre méconnu
Jean-Claude Perrier

15 Inédit - Ceux de la Ligne
Antoine de Saint-Exupéry

21 En quête d'amour
Alain Vircondelet

28 L'Aéropostale : une aventure humaine et littéraire
Christian Authier

34 Au temps de la France libre
Yves de Gaulle

46 Épopée cinématographique
Frédéric d'Agay

52 Avec Gide, un lien d'amitié et d'admiration
Stéphane Guégan

58 Léon Werth, l'ami et l'inspirateur
François Gerber

64 *Le Petit Prince* au grand bal des collectionneurs
Benoît Forgeot

70 Ma grand-mère, Molière et le rire de Saint-Exupéry
Stéphane Barsacq

Un illustre méconnu

Jean-Claude Perrier

Sa célébrité est universelle. Tous ses principaux romans, *Courrier Sud*, *Vol de nuit*, *Terre des hommes*, *Pilote de guerre*, ont été des succès dès leur parution, avant de devenir des *long-sellers* ; son chef-d'œuvre, *Le Petit Prince*, écrit et illustré de sa main, est l'un des livres les plus lus au monde après la Bible, avec plus de 550 traductions – à l'heure où vous lirez ces lignes, de nouvelles seront sûrement venues s'ajouter. Et pourtant, Antoine de Saint-Exupéry incarne un des plus grands paradoxes de la littérature française. Il n'est pas à la mode, ne l'a jamais été – ce qui constitue sans doute, pour ceux qui l'aiment, un charme supplémentaire. On ne le prescrit guère aux examens, alors que *Citadelle*, par exemple, son grand livre posthume, fournit à lui seul matière à mille réflexions philosophiques. On lui consacre peu de thèses, comme s'il était réfractaire à toute tentative d'appropriation théorique.

Jean-Claude Perrier est écrivain. Il est notamment l'auteur des *Mystères de Saint-Exupéry* (Stock, 2009, prix Louis-Barthou de l'Académie française 2010) et de *Saint-Exupéry, un* Petit Prince *en exil* (Plon, 2024).

Et même, il n'existe pas, le concernant, de grande biographie universitaire française de référence. La seule à peu près utilisable est l'œuvre de la journaliste et essayiste américaine Stacy de La Bruyère, publiée dans notre langue en… 1994 !

L'auteure, rencontrée à New York, est bien consciente que son ouvrage mériterait une sérieuse actualisation, à défaut d'une refonte complète, mais elle ne semble pas envisager de l'entreprendre. À moins qu'un éditeur français motivé se propose…

Pire ! Saint-Exupéry est parfois caricaturé par tel ou tel critique en « auteur pour enfants », plein de « bons sentiments » (avec lesquels, on le sait depuis la demi-boutade d'André Gide, « on ne fait pas de la bonne littérature »), un peu réac (parce qu'il s'est montré attaché à des valeurs, inculquées par sa famille, comme le sens de l'honneur, le patriotisme, un certain instinct chevaleresque aristocratique), voire gnangnan.

Inutile de préciser qu'il suffit d'avoir lu un chapitre de n'importe lequel de ses livres pour s'apercevoir que toutes ces idées préconçues sont infondées. Quant à sa vie, elle est tout à rebours du conventionnel, du « bourgeois », de l'ordinaire. C'est celle d'un aventurier, au sens littéral du terme, qui a poussé jusqu'au bout ses engagements. Espérons que les présents anniversaires susciteront lectures sans *a priori* et vocations de recherches nouvelles : 2023 fut l'année des 80 ans de la première publication, en anglais et en français, à New York, du *Petit Prince*, tandis que 2024 marque les célébrations des 80 ans de la mort de l'aviateur-écrivain. Il fut abattu par un chasseur allemand le 31 juillet 1944, au-dessus de la Méditerranée, au cours d'une mission de *mapping* (repérage) destinée à faciliter le débarquement des alliés dans le Midi et la libération du pays de ceux qu'il appelait les « nazistes ».

Rétro, Saint-Exupéry ? Assurément pas ! Jamais, comme dans notre monde actuel, dont il avait déjà diagnostiqué les fêlures, les crises profondes, notamment en matière sociale, la faillite des valeurs strictement matérialistes, on n'a eu autant besoin d'exemples individuels de courage, de cet esprit de sacrifice d'un homme, d'un pilote qui aurait largement eu l'âge de rester chez lui, à New York, à attendre sagement une victoire évidente depuis l'entrée en guerre des États-Unis, en décembre 1941, plutôt que d'aller se faire tuer aux commandes de son Lightning P38. Dès les années trente, Gide, qui fut son éditeur zélé à *La NRF,* son préfacier et son ami, avait ressenti dans l'œuvre de Saint-Exupéry cette force « héroïque » qui faisait déjà cruellement défaut à la France et, partant, aux démocraties occidentales. La guerre civile espagnole (durant laquelle Saint-Exupéry avait effectué pour le quotidien *L'Intransigeant*, comme son ami Joseph Kessel, des reportages manifestement favorables à la cause des républicains, légitimes contre Franco) avait amplement démontré la faiblesse de nos pays face aux régimes fascistes, installés partout à nos portes (Italie, Portugal, Allemagne, Espagne), sans parler du Japon, ou du modèle de féroce dictature soviétique que Staline tentait d'exporter partout en Europe et même au-delà.

Face à tout cela, et à ses conséquences, sinistrement démontrées durant l'Occupation et la collaboration, Saint-Exupéry prônait des valeurs universelles, humanistes, comme la foi en l'homme malgré tout, la fraternité plutôt que les divisions quand le sort supérieur du pays, voire du monde, est en jeu. Ce qu'on appellerait aujourd'hui le « vivre-ensemble » en dépit de toutes nos différences. La formule est un peu galvaudée, mais toute ressemblance avec le monde actuel, quatre-vingts ans plus tard, n'est pas fortuite : sans vouloir parler à la place des morts, il est sûr que Saint-Exupéry n'aurait pas été heureux au soir du 7 juillet 2024.

Ni gaulliste ni pétainiste

En pleine guerre, sa position « œcuménique » fut délicate à expliquer et à tenir. Et elle lui colle encore à la peau, au risque de fausser certaines opinions à son sujet. Ses adversaires d'alors la lui ont sévèrement reprochée ; tel André Breton, avec sa violence coutumière, accusant l'écrivain d'avoir renié ses convictions d'homme de gauche, lui qui fut l'ami de Léon Blum et du Front populaire, ou le philosophe chrétien gaulliste Jacques Maritain, avec un peu plus d'égards, mais une opposition non moins ferme.

En dépit d'une légende tenace de « complaisance » vis-à-vis du régime de Vichy, Saint-Exupéry, dès 1940, après une campagne impeccable au-dessus du nord de la France durant la « drôle de guerre », avait signifié, en choisissant l'exil, lui, l'un des jeunes écrivains français les plus célèbres de sa génération (il était né en 1900, avait commencé à publier à la fin des années vingt), son refus de toute collaboration avec Pétain et l'occupant allemand. Certes, il a choisi un asile « doré » aux États-Unis, plutôt qu'un départ pour Londres aux côtés du général de Gaulle. Il n'a jamais été gaulliste et cela aussi lui a été régulièrement reproché par certains « esprits forts » ou combattants de la vingt-cinquième heure. Il a même plusieurs fois exprimé sa méfiance vis-à-vis du chef de la France libre, non pas tant pour la durée de la guerre que pour « l'après ». Il soupçonnait l'entourage du Général de nourrir des ambitions de pouvoir une fois la liberté recouvrée. L'histoire a prouvé qu'il n'avait pas tout à fait tort.

Mais jamais, contrairement au méchant procès qui lui a été intenté sur-le-champ, par Breton d'un côté, par certains milieux gaullistes de l'autre, et qui se poursuit parfois jusqu'à nos jours, Antoine de Saint-Exupéry ne s'est compromis avec Vichy. Lorsque son nom a été brièvement cité pour figurer dans une espèce de « conseil national » fantoche, il a refusé d'emblée, publiquement, par voie de presse américaine, ce déshonorant honneur. De Gaulle et les siens, pour leur part, ne sont jamais parvenus, en dépit de quelques tentatives d'approche confiées au compagnon René Pleven, futur ministre, à le rallier, et ce bien que le Général, en bon politique, ait su pertinemment que la gloire internationale de l'écrivain, particulièrement en Amérique, aurait pu illustrer son parti et sa cause. Conscient d'être passé « à côté », le grand homme en a conçu des regrets, exprimés plus tard, après 1944. Trop tard.

À ce sujet, il existe un témoignage, aussi peu connu que capital, d'André Gide, qui se trouvait réfugié à Alger, début 1944, en même temps que d'autres. Saint-Exupéry était là également. Et le général de Gaulle est venu parler devant l'Assemblée consultative provisoire de ce qui était alors un département français, mais rallié à la France libre. Les deux amis écrivains ont assisté à la séance et écouté le discours qu'il a prononcé. À la fin, Saint-Exupéry déclare à un autre ami commun, lequel l'a rapporté à Gide : « Il *[de Gaulle]* est évidemment plus fort, plus sage et plus grand que je ne m'attendais à le voir. » Quelques semaines après, l'aviateur rejoignait la base de son escadrille 2/33, à Borgo, en Corse, tout près de Bastia. C'est de là qu'il partira, le 31 juillet 1944, pour son ultime mission. Ainsi, même s'il l'avait souhaité, il n'aurait pas eu le temps d'approfondir sa réflexion à propos de De Gaulle. Là encore, pas question d'extrapoler, de faire parler les morts, mais, eût-il survécu à la guerre, il n'est pas impossible que, comme bien d'autres grands écrivains (Malraux, Mauriac, Claudel, Bernanos, Pierre Jean Jouve, Pierre Emmanuel…), Saint-Exupéry aurait rallié le Général, lequel songeait à une Académie française idéale, purgée de ses membres compromis durant la guerre – dont un certain Philippe Pétain. On ne le saura jamais. Mais, bien plus tard, lors de confidences à quelque témoin, de Gaulle exprimera sa peine ressentie à la mort de l'aviateur-écrivain patriote, et son regret de l'avoir « manqué ».

L'œuvre de Saint-Exupéry, finalement, se suffit à elle-même. Elle demande à être lue telle qu'elle est. À la fois vaste et ramassée, inachevée, puisque l'auteur est mort à mi-vie, à 44 ans, diverse et profondément homogène. Une œuvre tout sauf intellectuelle, entièrement nourrie du vécu du pilote, de ses missions et de ses mésaventures. Ce n'est qu'en plein ciel, aux commandes de son appareil, qu'il se sentait bien, vivant. Pour le reste, au sol, c'était un être peu adapté à la vie en société, souvent enclin à la mélancolie, à la méditation, angoissé. Une espèce de frère de *L'Albatros* de Baudelaire (son poète préféré), que « ses ailes de géant [empêchaient] de marcher ». Une œuvre qui, sans prétention ni dogmatisme aucuns, peut aider chacun de nous à se construire, à se forger sa propre philosophie, sa propre sagesse – et ce n'est pas un gros mot. « Car ce poète, un soir auprès du feu dans le désert, racontait simplement son arbre », est-il écrit dans *Citadelle*, publié en 1948 par son amie proche Nelly de Vogüé. Ce livre riche et complexe, qu'elle a mis au point d'après le manuscrit considérable auquel l'écrivain travaillait depuis les années trente, et qu'il emportait partout avec lui. Jusqu'à Borgo. Un livre unique et beau, même si l'on est à peu près sûr, étant donné la manière dont Saint-Exupéry travaillait et retravaillait sans cesse ses pages, corrigeait et taillait abondamment, que ce n'est pas ce livre que, vivant, il aurait publié. Quant à l'arbre, comme le baobab du *Petit Prince*, menacé aujourd'hui comme jamais, il est un symbole fort. De là où il est, Antoine de Saint-Exupéry continue d'en prendre soin, de s'en soucier, et de nous raconter, par son intermédiaire, un monde qu'il aurait rêvé plus libre, plus égal, plus fraternel. Voilà qui nous rappelle quelque chose.

INÉDIT
Ceux de la Ligne

Antoine de Saint-Exupéry

Des anciens camarades de l'Aéropostale, Henri Guillaumet occupe une place à part dans l'affection d'Antoine de Saint-Exupéry ; l'histoire de l'accident et de la survie du futur dédicataire de *Terre des hommes*, à la suite d'un atterrissage d'urgence dans les Andes en juin 1930, les avait liés pour la vie. Ce n'est qu'en 1939 que l'exploit de Guillaumet devint légende, lorsque Saint-Ex rapporta les premiers mots du pilote miraculé quand ils se retrouvèrent le long d'une route du côté de San Carlos : « Ce que j'ai fait, je te le jure, jamais aucune bête ne l'aurait fait. »

Adressant *Courrier Sud* (1929), son premier roman, au « meilleur de *[ses]* amis », Saint-Exupéry précisait : « Il y a longtemps que je l'ai adopté comme frère. » Deux ans plus tard, l'envoi sur *Vol de nuit* était plus explicite encore : « À Henri Guillaumet, mon frère adoptif *[...]* en attendant le prochain livre qui s'appellera Guillaumet. »

Mais le succès de *Vol de nuit*, préfacé par André Gide, ne fut pas sans conséquence pour l'aviateur-écrivain, après des débuts discrets, sinon contrariés – Brasillach se désolant dans un article qui fit grand bruit : « Ce n'est pas un livre d'aviateur, ni un livre d'homme de lettres. C'est quelque chose qui tient des deux. » Le parrainage de Gide, le prix Femina, puis la vente des droits et l'adaptation du roman à Hollywood par Clarence Brown (avec John Barrymore, Helen Hayes et Clark Gable) firent de Saint-Exupéry un auteur en vogue et une personnalité du monde des lettres, au point que certains amis et confrères, aiguillonnés par la jalousie, notamment les pilotes de l'Aéropostale qui désapprouvaient le mélange des genres, lui tournèrent le dos, l'accusant d'être devenu « poseur » et « prétentieux ». C'est ce dont il se plaint auprès de Guillaumet quand, à l'automne 1934, apprenant que ce dernier vient à Paris, il l'invite chez lui, rue de Chanaleilles (1). Il lui confie dans une lettre : « Parce que j'avais écrit ce malheureux livre, j'ai été condamné à la misère et à l'inimitié de mes camarades. »

La malveillance des supposés « camarades » est d'autant plus amère qu'elle s'ajoute à de lancinants problèmes d'argent : le train de vie du couple Saint-Exupéry est difficile à soutenir et les rentrées trop maigres – en dépit des piges pour *Marianne*, l'hebdomadaire créé deux ans plus tôt par Gaston Gallimard, et des missions de reportages pour Air France. Il se rassure cependant, entrevoyant la fin de la dèche – allusion probable à ses travaux sur le système d'aide à l'atterrissage d'avions dont il espérait des retombées financières ; il déposera le brevet le 15 décembre 1934.

« Ne va pas à l'hôtel », enjoint-il à son vieux camarade : « Installe-toi dans mon appartement : il est à toi. » Et, pour le décider, il lui autorise tout *a priori* : « Tu peux amener qui tu veux. Et casser tout ce que tu veux... »

Cette lettre bouleversante de 1934 a été partiellement éditée en 2018 par Alban Cerisier dans les œuvres d'Antoine de Saint-Exupéry (Gallimard, coll. Quarto, p. 514-515) d'après le catalogue de Christie's Paris, dans lequel elle a figuré en novembre 2007. Elle paraît ici dans son intégralité.

Le 27 novembre 1940, Guillaumet sera abattu au-dessus de la Méditerranée (comme Saint-Exupéry lui-même en 1944). Quatre jours plus tard, le 1er décembre, Saint-Exupéry confesse : « Guillaumet est mort *[...]*. Je croyais que cela n'arrivait qu'aux très vieilles gens, d'avoir semé sur leurs chemins tous leurs amis, tous. »

Benoît Forgeot

1. L'écrivain s'installe 5, rue de Chanaleilles à Paris en juillet 1934 ; il fut contraint de déménager en février 1936 pour n'avoir pas payé son loyer. La lettre à Guillaumet n'est pas datée. Elle a sans doute été écrite en septembre ou octobre 1934.

« Guillaumet il paraît que tu arrives et j'en ai le cœur un peu battant. Si tu savais quelle terrible vie j'ai menée depuis ton départ, et quel immense dégoût de la vie j'ai peu à peu appris à ressentir. Parce que j'avais écrit ce malheureux livre j'ai été condamné à la misère et à l'inimitié de mes camarades. Mermoz te dira quelle réputation ceux qui ne m'ont plus vu et que j'aimais tant, m'ont peu à peu faite. On te dira combien je suis prétentieux ! Et pas un, de Toulouse à Dakar, qui en doute. Un des plus graves de mes soucis a été aussi ma dette. Mais je n'ai même pas toujours pu payer mon gaz et je vis sur mes vieux vêtements d'il y a trois ans. Pourtant tu arrives peut-être au moment où le vent tourne. Et je vais peut-être pouvoir me délivrer de mon remords.

Mes désillusions répétées, cette injustice de la légende m'ont empêché de t'écrire. Peut-être toi aussi croyais-tu que j'avais changé. Et je ne pouvais pas me résoudre à me justifier devant le seul homme peut-être que je considère comme un frère. Jusqu'à Etienne *[Victor Etienne]* que je n'avais pourtant jamais revu depuis l'Amérique et qui, malgré qu'il ne m'ait pas revu, a raconté ici, à des amis à moi, que j'étais devenu poseur !

Alors toute la vie est gâtée si les meilleurs des camarades se sont fait cette image de moi, et s'il est devenu un scandale que je pilote sur les lignes après le crime que j'ai fait en écrivant *Vol de nuit*.

Tu sais... moi qui n'aimais pas les histoires !

Ne va pas à l'hôtel. Installe-toi dans mon appartement : il est à toi. Moi je vais travailler à la campagne dans quatre ou cinq jours. Tu seras comme chez toi et tu auras le téléphone, ce qui est plus commode. Mais peut-être refuseras-tu. Et peut-être faudra-t-il m'avouer que j'ai perdu même la meilleure de mes amitiés.

Saint Exupéry
5 rue de Chanaleilles
Téléphone Invalides 62.90

Si je ne suis pas là les clefs sont chez la concierge et il y a un domestique pour te servir. Et tu peux amener qui tu veux. Et casser tout ce que tu veux. Mais je tremble en te proposant ça, que tu ne me donnes pas cette preuve d'affection, et que Dakar, et le partage du rhum soit aussi lointain qu'un conte de fées. »

date approxim sept.-oct. 1934
Retour à Paris - Le Bourget de
l'Arc en Ciel

Guillaumet je savais que tu arrives et j'en ai
le coeur un peu rattout. Si tu savais quelle tombe
où j'ai tombée depuis ton départ, et quel
immense dégoût de la vie j'ai peu à peu appris
à ressentir. Personne n'avait ainsi ce malheureux
livre j'ai été condamné à la misère et à
l'inimitié de mes camarades. Mermoz te dira
quelle réputation ceux qui ne m'ont plus vu
et que j'aimais tant, m'ont peu à peu faite.
On te dira combien je suis persécuté ! Et puis
un, de Toulouse à Dakar, qui en doute. Un des
plus proches de mes amis a été (aussi) lui détenu.
Mais je n'ai même pas depuis pu payer
mon prêt et je vis sur mes nerfs réellement
il y a trois ans. Aujourd'hui tu arrives
perché au moment où le vent tourne. Et

je vais peut-être pouvoir me délivrer de mon
remords.

Mes désillusions répétées, cette injustice de la
légende m'ont empêché de t'écrire. Peut-être
toi aussi croyais-tu que j'avais changé. Et
je ne pouvais pas me résoudre à me justifier
devant le seul homme peut-être que je
considère comme un frère. Jusqu'à Étienne
que je n'avais pourtant jamais revu depuis
l'Amérique et qui, malgré qu'il ne m'ait
pas revu, a raconté ici et là à des amis
à moi, que j'étais devenu poseur!

Alors toute la vie est faussée et les meilleurs des
camarades se sont fait cette image de moi,
et ainsi est devenu un scandale que je
[illegible] sur les lignes après le crime que j'ai
fait en écrivant une de nuit.

Tu sais... moi qui n'aimais pas les
histoires!

Ne va pas à l'hôtel. Installe-toi dans
mon appartement : il est à toi, moi je vais
travailler à la campagne dans quatre ou
cinq jours. Tu seras comme chez toi et tu

auras le téléphone, ce qui est plus commode. Mais peut-être refuseras-tu. Et peut-être faudra-t-il trouver que j'ai perdu même la meilleure de mes amitiés

Saint Exupéry

5 rue de Chanaleilles

Téléphone Invalides 62.90

Si je ne suis pas là les clefs sont chez la concierge et il y a un domestique pour te servir. Et tu peux amener qui tu veux. Et casser tout ce que tu veux. Mais je tremble en te proposant ça, que tu ne me donnes pas cette preuve d'affection, et que Dakar, et le partage de rhum soit aussi lointain qu'un conte de fées.

En quête d'amour

Alain Vircondelet

La dimension mythique de Saint-Exupéry, son aura dans le cercle très limité des grands aviateurs, sa disparition tragique, sa participation héroïque à l'aventure de l'Aéropostale, ses raids légendaires et son désir ardent de rejoindre son groupe de reconnaissance pour combattre ont fait de lui un personnage hors norme qui ferait oublier la faiblesse, la précarité psychologique, les failles affectives, en un mot l'homme tout court, toujours en demande de tendresse et de réconfort, cherchant auprès des femmes à être aimé.

Et cependant, c'est bien dans sa solitude intérieure, quasi originelle, qu'il a tenté de combler avec l'amour des femmes, qu'il faut comprendre et chercher la vérité de l'homme Saint-Exupéry, faillible et fragile, prisonnier à beaucoup d'égards d'une enfance idéalisée, dont il n'aura de cesse de chercher des équivalences dans sa vie sentimentale.

À énumérer ses conquêtes, on pourrait penser à la fameuse *lista* de Don Juan. Or il n'en est rien ; si la *lista* est en effet assez longue, la quête de Saint-Exupéry ne peut en aucun cas se comparer à celle du *burlador* de Séville, qui faisait de la longueur de sa *lista* une preuve de sa liberté sans Dieu et une provocation d'ordre profanatoire. La démarche exupérienne est tout autre. Conquérir une femme, c'est d'abord en être aimé, révélant ainsi son profond narcissisme et l'impossible résilience maternelle. Être aimé, donc, avant que d'aimer, et quand il lui arrive,

Alain Vircondelet est écrivain et biographe de Saint-Exupéry. Dernier ouvrage publié : *Saint-Exupéry, les amours de sa vie. Alain Vircondelet raconte Saint-Exupéry* (Alisio, 2024).

brièvement d'ailleurs, d'atteindre à une certitude de l'amour, il n'éprouve alors qu'une seule hâte, celle de fuir, de retrouver ses camarades pilotes et techniciens, ou mieux encore de voler, acte considéré comme une sorte de prélude au Royaume. Mais plus encore, la plus juste des fuites, la plus absolue, est de se retrouver dans le giron maternel, retrouver le lit-océan de sa mère, auquel il avait droit, petit garçon, quand il était souffrant…

La mère, donc, comme le lieu de la plénitude qu'aucune femme au monde ne pourra jamais lui offrir.

Dans ses correspondances avec Marie de Saint-Exupéry, ce désir ardent du retour à l'espace maternel est éloquent et peut même quelquefois paraître, à la relecture, relativement troublant, tant son immaturité affective est présente. En effet, des années de lycée jusqu'aux tout derniers jours de sa vie, la rhétorique épistolaire sera la même : seule la mère, associée à l'image de la Vierge Marie, et par extension à celle de la Sainte Famille, est capable de protection totale, à l'égard de ses enfants, et joue le rôle volontairement accepté de « toile souveraine », ce baume dont Saint-Exupéry a lu les vertus, dès l'enfance, sur les publicités de l'époque, et qui soignait les grands brûlés grâce à un onguent réparateur. Seule la mère possède ce don quasi divin de rassurer, de soigner, de réchauffer, de consoler enfin, à la différence des autres femmes avec lesquelles la vie adulte favorise les rencontres.

Les difficultés intimes de Saint-Exupéry, ses états dépressifs et récurrents, sa mélancolie quasi pathologique, son caractère cyclothymique ont fait qu'il a cherché auprès de sa mère, au prénom prédestiné, toutes ces qualités : son lexique dans ses lettres est gorgé de signes propres à éclairer cette quête douloureuse et résiliente. Se plaignant dès le plus jeune âge d'avoir été « lâché » et « jeté » dans le monde, il voit cet abandon ontologique comme un vrai désespoir, et déploie dès lors une suractivité pour pallier l'absence, le déficit d'amour, la nostalgie d'un paradis perdu, une amputation de soi, toutes ces douleurs vécues dans ce qu'il nommera « une solitude spirituelle ». Elle est vaste, et personne au monde ne pourra la combler ni l'effacer. Cet état d'exil (comme le souvenir des images pieuses, diffusées à l'époque par milliers, représentant la Sainte Famille) fait résonner la dialectique catholique du début du XXe siècle qui répandait l'idée que tout chrétien vit sur terre en exil. La quête du Royaume passe alors par la piété et l'obéissance aux idéaux moraux de la catéchèse catholique (la mère, la femme, le foyer conjugal, la fidélité), relais absolus de toute éducation catéchétique et que Saint-Exupéry, enfant, a reçue.

Durant toute sa vie, il a véhiculé dans sa correspondance et sa vie personnelle, affective et sentimentale cet éloge d'une vie d'homme fondée sur des principes chrétiens et sur l'image que sa mère lui a délivrée, elle-même très fervente paroissienne. Ainsi, le champ lexical de ses écrits est truffé de ces allusions, souvenirs nostalgiques, voire proustiens, d'une enfance perdue, d'un Royaume inconsolable, d'une harmonie et d'une pureté sans égales dans le monde où il va, celui de la guerre, mais aussi celui d'une mondialisation robotisée dont il pressent les attaques contre l'humain avec une « clairvoyance » stupéfiante. Le lit de la mère est un océan où se couler (retour à la vie matricielle), ses bras sont des ailes consolatrices (créature angélique de la mère), la paix réside dans la maison (aucune écharde, aucun heurt ne viennent briser l'équilibre originel), la nappe qui recouvre la table est sans pli, blanche, tissée d'un lin très fin, et autour d'elle se rassemblent « ceux que l'on aime » (réminiscence de la Cène). Idéalité de la femme (une mère qui veille sur son enfant)…

Toutes ces vertus réservées à la mère vont affecter sa vie future, et il entend les retrouver et les imposer même à celles qu'il veut conquérir. Le terme de conquête est d'ailleurs pertinent dans la mesure où, dès l'adolescence, Saint-Exupéry s'est conçu comme un « jeune barbare », un chevalier, un croisé qui part à l'assaut des murailles d'une Jérusalem symbolique pour ramener chez lui le « Saint Graal ». Celui-ci incarne à sa manière le trésor d'une existence qui se doit d'être tout entière vouée à veiller à l'équilibre du monde, à l'accord entre les êtres et la nature, à tisser des liens entre eux. Saint-Exupéry a toujours considéré la vie comme une aventure personnelle et mythique où il s'agirait, pour chaque homme, de bâtir sa propre cathédrale, de fonder des socles, des ancres, des serments qui permettraient à l'homme d'être fidèle à la responsabilité initiale que lui a enjointe Dieu.

Ses relations avec les femmes participent alors de ce vaste projet dans lequel l'homme est convoqué pour que, de l'argile qui l'a créé, il tende à devenir de l'or, qui peut revêtir les noms de Bach ou de Mozart… Les femmes doivent contribuer à ce que ce projet prodigieux voie le jour et qu'une fois détruit le chaudron maléfique des désirs et des plaisirs vains, des orgueils et des instincts de puissance, une fois vaincues les cités maudites de Babel, de Sodome et de Gomorrhe, la beauté du monde apparaisse dans une épiphanie souveraine.

Les femmes sont alors les alliées des hommes doués de l'esprit et participent du combat épique.

Ayant rejoint l'Aéropostale après avoir échoué au concours de l'École navale, il se retrouve après quelques mois d'entraînement à livrer du courrier en survolant à bord d'un avion précaire des déserts et des mers. Sans peur et sans reproche, comme un croisé qu'il est et peut-être même en souvenir de ses lointains ancêtres, il éprouve cette jouissance infinie de rejoindre d'autres terres dans le but généreux d'en délivrer de nouvelles, réunissant ainsi des peuples délaissés et solitaires. Cet acte de réunion va bien sûr l'aider aussi dans sa propre déliaison, car aimer, c'est rejoindre, dit-il. Toutes les femmes qu'il a connues et que ses biographes ont pu peu ou prou répertorier ont été appelées à l'aider dans cette tâche humaniste qu'il s'est fixée, et dont l'origine trouve sa source au château de Saint-Maurice-de-Rémens, siège du Royaume. On peut, ces femmes, les classer en plusieurs rubriques.

Il y a celles qui ont satisfait ses sens, quand dans la solitude spirituelle profonde où il s'est souvent trouvé, à Buenos Aires comme à Manhattan, en Corse comme au Maroc, il allait les visiter dans des bars à soldats, des casinos, des cabarets. Entraîneuses, voire prostituées, ont été ainsi souvent les témoins de ces errances nocturnes, le plus souvent douloureuses. Faute d'avoir trouvé justement une femme qui l'attendrait, faute d'avoir perdu le chemin de Nazareth. Lieux dits alors de perdition, les femmes qui l'habitent ne sont pas pourtant méprisées ou humiliées : Saint-Exupéry a au contraire à cœur de les traiter comme des femmes aimées, fût-ce le temps d'une étreinte. Car de la passe tarifée à l'étreinte, il y a justement ce souci qui l'a toujours hanté, celui de faire lien avec l'autre, ce désir d'une vraie rencontre. Tel le Frédéric Moreau de *L'Éducation sentimentale* qui, dans sa jeunesse, se rendait dans une maison close, un joli bouquet de fleurs dans les bras, Saint-Exupéry avait l'habitude, durant son exil new-yorkais, d'acheter des bijoux aux entraîneuses des cabarets où il se rendait.

Une errance amoureuse

En une phrase lapidaire et misogyne, il déclara un jour : « Les Daisy, les Suzy, les Gaby, toutes des salles d'attente. » Il ne faut certes pas en rester à cette formule qui fausserait peut-être le jugement que l'on pourrait porter sur l'écrivain-pilote. Car ce qui est intéressant dans cette remarque, c'est l'idée de l'attente. Saint-Exupéry, à l'instant où il énonce cette parole à l'emporte-pièce, révèle en fait sa solitude intérieure. Seul, il a toujours pensé qu'il l'était vraiment et originellement. Cette posture d'attente n'est pas, on le comprend bien, celle d'un don Juan dont la quête effrénée de conquêtes rejoint en fait son combat contre Dieu. Ici, nul désir de transgression. Une attente sourde et grave plutôt, dans l'espérance cependant d'une apparition merveilleuse qui justifierait sa présence au monde. Attendre, donc, comme un jeune fiancé, l'or promis du Saint Graal.

Il va justement rencontrer, très tôt, celle qu'il croit être la femme tant désirée : Louise de Vilmorin. Hélas, après quelques mois de fiançailles que Loulou, ainsi surnommée, cruelle et mondaine, va qualifier de « fiançailles pour rire », la promesse rompue va l'entraîner dans une forme de mélancolie profonde. Les femmes ne seront pas cependant négligées, car se fortifie, en même temps que cette blessure intérieure, sa réputation de « coureur de jupons » : une façon de donner le change ? Une fierté virile vis-à-vis de ceux de son « groupe » ? Ou plutôt une errance désespérée pour rejoindre son idéal jamais abandonné ? Généralement, des femmes du monde, pas forcément de son milieu, qui est celui d'un aristocrate de province de très ancienne lignée, mais des jeunes filles et des femmes issues de la noblesse parisienne ou de la bourgeoisie d'affaires. Entre 1925 et 1931, année de son mariage avec Consuelo Suncín, il crut sans doute avoir aimé en une relation régulière Hélène de Vogüé, rencontrée jadis dans le cercle huppé des Vilmorin à Verrières-le-Buisson, qui faisait partie de la petite cour de Louise... La riche héritière d'une famille d'industriels, mariée quelques années après leur rencontre à un des plus grands noms de France, fut l'égérie secrète de Saint-Exupéry, celle à laquelle il devra tant, qui l'aura initié au Tout-Paris des lettres et des arts, au Paris de la politique, possédant un prestigieux carnet d'adresses dont elle le fera profiter. Elle aura eu l'intelligence de ne jamais réclamer une vie conjugale, d'abord parce qu'elle était mariée elle-même, mais d'être sans doute toujours à son écoute. Cette relation ne suffira pas toutefois à Saint-Exupéry, dont la femme idéale n'est pas encore trouvée. Il croira l'avoir découverte en la personne de cette belle et ardente veuve, Consuelo Suncín, Salvadorienne pétillante, connue alors dans le Paris des années vingt comme un petit volcan qui éclairait toute la ville, de Montparnasse à Montmartre, par sa vivacité, son intelligence et sa beauté. Lui qui n'aimait que les femmes grandes et blondes, il succomba, à Buenos Aires, à l'issue d'une conférence qu'il donnait à l'Alliance française, au charme d'une femme petite et brune ! Dès lors, la rencontre devint un coup de foudre, un coup du destin qui obligea le couple d'enfants terribles qu'ils étaient à se marier quelques mois après leur insolite rencontre. Consuelo ne fut jamais admise dans la famille de son mari, affublée du sobriquet de « comtesse de cinéma » par Simone, la sœur de Saint-Exupéry, taxée injustement d'aventurière et de veuve joyeuse. Elle persista toutefois, et n'abandonna jamais. Saint-Exupéry, après les premiers émois et une lune de miel en Espagne, déchanta cependant très rapidement.

Le désir d'une autre vie, d'une autre manière de la partager, s'empara de lui. Certes, Consuelo n'exigeait pas comme Louise une demeure stylée et du mobilier Louis XV ; plutôt bohème et d'esprit nomade, elle s'adapta à toutes les circonstances, accepta les brimades de son mari, les infidélités renouvelées (jusqu'aux femmes de service qu'il aimait lutiner), mais, comme par magie, celui-ci revenait toujours vers elle. L'émouvait-elle ? Se repentait-il de ses brusqueries et de ses trahisons répétées ? Pour se faire pardonner, il lui écrivit les plus belles lettres d'amour que, de mémoire de lecteur, un écrivain adressa à la femme aimée. De jolies trouvailles stylistiques servirent à honorer la rose aimée : mais si fier d'elles, il les adressait souvent à d'autres correspondantes, quasiment telles quelles ! Qu'importait aux yeux de Consuelo puisque « Tonio », malgré l'envie qu'elle en avait quelquefois, refusait de divorcer, arguant que jamais il ne romprait une promesse sacrée. Alors, la vie continuait ainsi, de chambres d'hôtel en château acheté en location-vente (le manoir de la Feuilleraie, en Seine-et-Marne), d'appartements dans les beaux quartiers de Paris en minables logis du côté de Montparnasse, et toujours le désir irrépressible de trouver le double parfait de soi, l'être avec lequel marcher dans la même direction. Mais jamais de Nazareth en vue pour se poser, où l'attendrait enfin une Marie docile et sage que l'ange de Dieu aurait visitée. Ce ne pouvait être Hélène de Vogüé, trop puissante et trop « politique » pour partager sa vie (mais pas libre), ni Nada de Bragance, au rire cristallin comme celui dont il parera l'étoile du petit prince, ni Natalie Paley, petite-fille du tsar Nicolas II, ni la comédienne Annabella, compatriote et épouse de Tyrone Power, qui le veillera pourtant comme sa mère à son chevet lorsqu'elle lui rendit visite à l'hôpital, ni Silvia Hamilton, la belle Américaine, confidente de ses derniers jours sur le sol américain, ni la belle « inconnue », courtisée dans le train Oran-Alger, à quelques mois de sa propre disparition, ni toutes ces « amourettes » qui ont scandé sa solitude et son angoisse, ni enfin ses flirts et ses amitiés amoureuses, auxquels il ne pouvait renoncer, tant son désir d'être aimé était grand…

Et toujours le désir impossible de la paix de Saint-Maurice, l'odeur des bougies et de l'arbre de Noël, la nappe blanche autour de laquelle il pourrait enfin réunir « ceux qu'il aime », et toujours le souhait irréaliste d'une femme obéissante et disponible, qui l'aimerait plus qu'il ne l'aimerait de toute façon, une femme qui serait « la servante du Seigneur », comme dans le cantique chrétien, et dont il brosse le profil dans la fameuse prière que doit lire Consuelo chaque soir, écrite avant son départ de New York en 1943 (1), ou bien dans de nombreux passages de *Citadelle,* où la femme est nettement associée au « repos du guerrier », lequel, tout en la soumettant, a charge de la protéger et de veiller sur elle...

N'écrit-il pas en effet dans ce dernier ouvrage, qu'il considérait comme son grand œuvre, évoquant des femmes capturées, livrées aux Bédouins : « Il vous suffira pour les dompter de votre poing noué dans les boucles bleues de leur chevelure », ou bien, plus loin : « Il vous suffira d'exercer votre force dans la douceur pour les retenir immobiles... Vous aurez été leur immensité » ?

Mais la quête impossible de l'idéalité culmine dans la relation à la mère qui dépasse le moi œdipien de beaucoup d'écrivains, de Marcel Proust à Albert Cohen, de Colette à Romain Gary : de son adolescence aux derniers jours de sa vie d'homme, il n'aura eu de cesse de répéter, comme un mantra, le vœu de « rejoindre » sa mère. Où qu'il soit et en toutes circonstances, marié ou célibataire, lycéen ou pilote de guerre, il revient toujours à elle : en 1919, il lui déclare : « Écrivez-moi où vous allez, que je vous y rejoigne », comme en 1943 : « J'espère si fort être dans vos bras. »

Le but ultime de son existence réside dans cette nostalgie originelle où la mère et son fils seraient les figures essentielles et constitutives de cette communauté spirituelle à laquelle il aspire. Les rejoindraient alors sa « pauvre petite Consuelo toute faible, tout abandonnée », mais aussi ses sœurs, et « ceux que l'on aime », plus généralement.

Ce fantasme de l'union « autour d'une table blanche » sera le leitmotiv de ses derniers moments, menacés par un futur inquiétant et destructeur, porteur intrinsèquement d'une désunion et d'une déliaison tout aussi originelles que son désir de « reliement », illustrant ainsi une nouvelle fois le récit de la Genèse biblique, livrée très vite aux assauts récurrents du mal et dont aucun humain n'aura pu vaincre la malédiction.

1. Alain Vircondelet, *Antoine et Consuelo de Saint-Exupéry, un amour de légende*, éditions Les Arènes, 2005, p. 140 et Antoine de Saint-Exupéry et Consuelo de Saint-Exupéry, *Correspondance, 1930-1944*, Gallimard, 2021, p. 248.

L'Aéropostale : une aventure humaine et littéraire

Christian Authier

On a peine à imaginer aujourd'hui que, dans un passé encore récent, l'acheminement du courrier a pu être héroïque, épique, légendaire. Telle fut pourtant, voici moins d'un siècle, l'épopée de l'Aéropostale, entrée dans l'histoire notamment par ses figures mythiques telles celles de Jean Mermoz ou d'Antoine de Saint-Exupéry. L'Aéropostale répondit à des désirs de conquête, d'innovation, de grandeur au lendemain d'une Première Guerre mondiale qui saigna le continent européen. Elle rappela aussi après ces années d'horreur que la technique et le progrès n'étaient pas forcément au service d'armes de destruction massive. Elle fut, entre la Grande Guerre et la crise de 1929, l'une des expressions de l'élan vital à l'œuvre, dans tous les domaines ou presque, au sein de la vieille Europe.

Christian Authier est romancier, essayiste et journaliste. Dernier ouvrage publié : *Poste restante* (Flammarion, 2023).

C'est précisément peu avant l'armistice de 1918 qu'un entrepreneur, Pierre-Georges Latécoère, à la tête d'une usine de matériel aéronautique située près de Toulouse, a l'idée de lignes aériennes transatlantiques, reliant la France à l'Amérique du Sud, consacrées au transport de courrier. Présenté en septembre 1918 au sous-secrétaire d'État à l'Aéronautique militaire et maritime, le projet est accueilli avec scepticisme et l'industriel se lance seul dans l'aventure en fondant en 1919 la Société des lignes aériennes Latécoère, qui devient rapidement la Compagnie générale d'entreprises aéronautiques (CGEA), à laquelle succédera la Compagnie générale aéropostale, plus connue sous le nom d'Aéropostale. Avant le rêve d'atteindre l'Amérique du Sud, un avion – à bord duquel Latécoère lui-même embarque – relie Toulouse à Barcelone le jour de Noël 1918, puis une première ligne, entre Toulouse et Casablanca, est ouverte en septembre 1919 et sera prolongée jusqu'à Dakar en 1925. Aux commandes des avions de combat reconfigurés pour constituer la flotte aéropostale, on retrouve sans surprise d'anciens pilotes de l'armée s'étant illustrés durant la Première Guerre dont Didier Daurat, qui va devenir directeur d'exploitation. Ce dernier veut recruter des pilotes sages et disciplinés, déterminés à transporter du courrier et non à briller dans les airs, qui devront d'abord faire leur apprentissage en assurant la maintenance des avions au sol.

La nature dangereuse des missions et le tempérament des pilotes en décideront autrement. Chaque vol est un défi. La navigation se fait sans radio. Aux risques de pannes et de perturbations météorologiques s'ajoute la possibilité d'être capturé en cas d'atterrissage forcé dans des zones tribales. L'un de ces pilotes se nomme Jean Mermoz. Cet ancien aviateur militaire se fait embaucher dans l'entreprise Latécoère en septembre 1924, où il travaille en qualité de mécanicien. Fougueux et indiscipliné, il se voit toutefois confier comme pilote la ligne Toulouse-Barcelone, puis la liaison Barcelone-Malaga, avant d'être affecté à la prise en charge du courrier sur le périlleux Casablanca-Dakar en 1926. Atterrissages d'urgence dans le désert, capture par les Maures, opérations de sauvetage d'autres pilotes : les « aléas » du métier n'empêchent pas Mermoz d'accomplir des exploits, comme le vol sans escale de Toulouse à Saint-Louis du Sénégal en octobre 1927 avec Élisée Négrin.

Des exploits et des hommes

Pilote civil et militaire, Antoine de Saint-Exupéry est quant à lui engagé en 1926 chez Latécoère par Didier Daurat. Chargé de convoyer du courrier depuis Toulouse vers Alicante et Dakar, il est nommé ensuite chef d'escale à Cap Juby au Maroc puis, à partir de 1929, participe comme pilote au développement des lignes sud-américaines. Surtout, c'est en tant qu'écrivain qu'il va célébrer l'aventure des bâtisseurs et des pilotes de l'Aéropostale à travers trois de ses œuvres marquantes.

Les romans *Courrier Sud* (1) en 1929 et *Vol de nuit* (2) en 1931 (prix Femina), ainsi que le récit *Terre des hommes* (3) en 1939, deviendront des classiques dans lesquels – outre la propre expérience de pilote de l'auteur – on retrouvera Didier Daurat, Jean Mermoz ou Henri Guillaumet sous leurs noms ou via des doubles romanesques. Si l'on ne peut réduire cette trilogie informelle à la seule dimension de l'Aéropostale, celle-ci en constitue le cœur battant autant que le fil rouge. Les premières lignes de *Terre des hommes*, dédicacé à Guillaumet, donnent le ton :

> « C'était en 1926. Je venais d'entrer comme jeune pilote de ligne à la société Latécoère qui assura, avant l'Aéropostale, puis Air France, la liaison Toulouse-Dakar. »

Les débuts de Saint-Exupéry s'effectuent au gré d'essais d'avions, de vols entre Toulouse et Perpignan ou de leçons de météorologie. Au-delà du respect dû aux anciens et aux figures tutélaires de l'entreprise, c'est l'humilité qui habite les valeureux pilotes, comme Bernis, le narrateur de *Courrier Sud* : « Je ne suis plus qu'un ouvrier, j'établis le courrier d'Afrique. » « Tu devais, à l'aube, prendre dans tes bras les méditations d'un peuple. Dans tes faibles bras. Les porter à travers mille embûches comme un trésor sous le manteau. Courrier précieux, t'avait-on dit, plus précieux que la vie. Et si fragile. Et qu'une faute disperse en flammes, et mêle au vent », songe-t-il encore. Et de conclure, sa mission effectuée : « Trente mille lettres ont passé. La Compagnie prêchait : courrier plus précieux que la vie. Oui. De quoi faire vivre trente mille amants. » Transporter du courrier ne répond pas qu'à cette vision romantique, comme le précise *Vol de nuit*. Rivière, responsable au sol des liaisons aériennes, personnage inspiré par Didier Daurat auquel le roman est dédié, cerne l'enjeu de la mise en place des vols nocturnes pour l'aviation commerciale : « Nous perdons, chaque nuit, l'avance gagnée, pendant le jour, sur les chemins de fer et les navires. » Fabien, héros tragique du roman, est de ces pilotes qui ramènent de la Patagonie, du Chili et du Paraguay le courrier vers Buenos Aires avant que le chargement soit embarqué ensuite dans les avions à destination de l'Europe dans un cycle incessant de départs et d'arrivées, de rotations. Comme lors d'une guerre, il est question de « fraternité », de « désir de vaincre », de « batailles », de « conquête », mais « il n'y a peut-être pas de victoire. Il n'y a pas d'arrivée définitive de tous les courriers ». Pas de victoire définitive, donc, juste une bataille qui recommence chaque jour, chaque nuit. Chacun a son rôle, du pilote bravant les dangers aux hommes de l'ombre, comme un modeste secrétaire de veille :

> « Un homme travaillait quelque part pour que la vie soit continue, pour que la volonté soit continue, et ainsi, d'escale en escale, pour que jamais, de Toulouse à Buenos Aires, ne se rompe la chaîne. »

Évidemment, l'humilité et la solidarité n'excluent pas l'héroïsme ni la quête de l'exploit, des records, des défis face à des périls incroyables. *Courrier Sud*, *Vol de nuit* et *Terre des hommes* plongent le lecteur dans un maelstrom de menaces où la brume, les nuages, le brouillard, la neige, le vent, les orages, les tourbillons, les tempêtes, les cyclones, les montagnes, les pannes et les avaries diverses peuvent conduire les pilotes à un amerrissage ou un atterrissage forcé, voire à un « écrasement » (on ne disait pas *crash*, à l'époque). Se poser sur les sables du Sahara expose à un enlèvement par des tribus maures ou à la mort. Les opérations de sauvetage ne sont pas synonymes de succès garanti. Saint-Exupéry est le chantre inspiré des héros de l'Aéropostale. Ainsi avec l'accident du 9 mars 1929 qui vit Louis Mermoz, chargé de mettre en place de nouvelles lignes sur le continent sud-américain, entrer dans la légende.

Mermoz et son mécanicien Alexandre Collenot atterrissent en urgence à cause de vents tumultueux sur un plateau enneigé de la cordillère des Andes, à 4 000 mètres d'altitude. Les tentatives de s'échapper à travers la montagne ne mènent à rien, les deux hommes sont prisonniers. Ils réparent ce qui peut l'être de l'appareil endommagé et font un pari fou, que Saint-Exupéry immortalise dans *Terre des hommes* :

> « Alors, ils jouèrent leur dernière chance, lancèrent l'avion vers le vide, rebondirent durement sur le sol inégal, jusqu'au précipice, où ils coulèrent. L'avion, dans la chute, prit enfin assez de vitesse pour obéir de nouveau aux commandes. Mermoz le redressa face à une crête, toucha la crête, et, l'eau fusant de toutes les tubulures crevées dans la nuit par le gel, déjà en panne après sept minutes de vol, découvrit la plaine chilienne, sous lui, comme une Terre promise. »

Trois jours après leur disparition, Mermoz et Collenot se posent à leur point de départ, à l'aérodrome de Chamonate à Copiapó. Ce miracle donne naissance à « l'Archange » Mermoz, qui, après ses dernières traversées de la cordillère en juillet 1929, en compagnie de son ami Henri Guillaumet, va partir à la conquête de l'Atlantique Sud. Guillaumet, justement, autre grande figure de l'Aéropostale, on le retrouve dans un morceau de bravoure, toujours dans *Terre des hommes*, avec le récit hallucinant de son accident du 13 juin 1930. Après avoir décollé de Santiago, il est pris dans des vents rabattants et une tempête de neige. À court d'essence, il atterrit en catastrophe près d'un lac dans les Andes à 3 500 mètres d'altitude. Pendant cinq jours et quatre nuits, avec ses maigres rations de survie, il va affronter la tempête, la neige, le froid glacial, traverser des crêtes et des montagnes, marcher en quête de secours avant d'être recueilli par un jeune berger. À Saint-Exupéry venu le récupérer, il confiera la phrase devenue célèbre : « Ce que j'ai fait, je te le jure, jamais aucune bête ne l'aurait fait. »

Pilote, aventurier et inventeur

Bien sûr, à l'image du sauvetage de Guillaumet, les exploits de Saint-Exupéry ne furent pas que littéraires. À Cap Juby, où il est chef d'escale en 1927 et 1928, il est chargé de secourir les pilotes perdus dans le désert et de négocier auprès des chefs berbères la libération de ceux retenus comme otages. Au prix de dangers multiples, il sauvera de nombreux aviateurs, ce qui lui vaudra d'être fait chevalier de la Légion d'honneur, le 7 avril 1930, au titre de l'aéronautique civile. Après avoir repris les vols Toulouse-Casablanca, il est nommé en octobre 1929 chef d'exploitation de la filiale argentine de l'Aéropostale à Buenos Aires. Outre la consolidation des lignes déjà existantes, il doit assurer l'ouverture de nouvelles lignes en multipliant les vols, de jour comme de nuit, longs et lointains, vers la Patagonie et la Terre de Feu. Le 20 mars 1930, Saint-Exupéry établit un record mondial en reliant les 2 400 kilomètres entre Buenos Aires et Río Gallegos en douze heures. Il crée aussi des liaisons annexes à travers le Brésil ou à Montevideo. Ces performances accompagnent le développement de l'Aéropostale qui, à la fin de 1930, assure la quasi-totalité des recettes postales françaises et transporte plus de 30 millions de lettres pour le compte de dizaines de pays européens, africains et sud-américains. Dotée d'un réseau de plus de 17 000 kilomètres de lignes, de près de 250 avions, 80 pilotes, 1 500 employés et de multiples filiales en Amérique du Sud, elle a réalisé plus de 300 liaisons de bout en bout entre la France et le continent sud-américain. D'autres liaisons sont mises en place vers Belgrade, Bucarest, Moscou, Téhéran et jusqu'en Extrême-Orient par le sud via le Liban. En janvier 1931 est inauguré le premier service postal régulier France-Indochine aller-retour.

Malgré ces succès, l'entreprise a subi les effets de la crise de 1929 et doit affronter la concurrence de compagnies étrangères puissamment soutenues par leurs États. Plombée par ses difficultés financières, l'Aéropostale est mise en liquidation judiciaire en mars 1931 et rejoint en 1933 d'autres entreprises (Air Orient, Air Union, la Société générale des transports aériens…) réunies au sein de la Société centrale pour l'exploitation de lignes aériennes, la Scela, qui prend rapidement le nom d'Air France. De 1931 à 1932, Saint-Exupéry redevient pilote sur les lignes africaines, comme celle allant de Casablanca à Port-Étienne, avant d'assurer la liaison postale Marseille-Alger jusqu'à ce que la nouvelle direction ne le relève de ses fonctions. Fin de l'aventure entre l'aviateur-écrivain et l'entreprise visionnaire fondée par Latécoère, mais pas avec l'aviation, puisque le pilote continuera de collectionner les records, les vols et les raids tout en se penchant sur des questions techniques très concrètes. En témoignent les brevets d'invention qu'il déposera entre 1934 et 1941. Pas moins de onze, qui s'attellent aussi bien aux systèmes d'atterrissage sans visibilité qu'aux améliorations pour les avions militaires. Pilote, inventeur, aventurier, écrivain : c'était Saint-Exupéry…

1. Antoine de Saint-Exupéry, *Courrier Sud*, Gallimard, 1929.
2. Antoine de Saint-Exupéry, *Vol de nuit*, Gallimard, 1931.
3. Antoine de Saint-Exupéry, *Terre des hommes*, Gallimard, 1939.

Au temps de la France libre

Yves de Gaulle

Dans la matinée du 31 juillet 1944, Antoine de Saint-Exupéry disparaît au large de Marseille. Il effectuait une mission de reconnaissance des côtes françaises, en préparation du débarquement des alliés en Provence. Parti vers 9 heures de l'aérodrome de Borgo, près de Bastia, en direction des Hautes-Alpes, il volait sur un P38 Lightning F-5B (N° 223), non armé, appartenant au groupe 2/33 du 3e groupe photographique de l'US Air Force. À 44 ans, il était bien au-delà de la limite d'âge (35 ans) pour piloter un avion de combat rapide et délicat à manœuvrer.

Yves de Gaulle est haut fonctionnaire. Il est l'auteur d'*Un autre regard sur mon grand-père Charles de Gaulle* (Plon, 2016) et de *« Ma République ». Apocryphe de Charles de Gaulle* (L'Observatoire, 2019). Dernier ouvrage publié: *Chevalier solitaire* (Plon, 2022).

Formé par les Américains au pilotage, Saint-Exupéry en avait été interdit le 11 août 1943, pour ne pas avoir respecté la procédure d'atterrissage sur une piste courte et s'être crashé en bout de piste. Placé puis maintenu en « réserve de commandement » par Charles de Gaulle, pourquoi a-t-il été autorisé sous commandement américain à reprendre ses missions, presque un an plus tard ? Et, plus généralement, que faisait Saint-Exupéry avant cette issue fatale ? Quelle a été, au fond, son attitude combattante pendant la guerre ?

Le plus américain des Français…

Le détail de son parcours nous éclaire sur sa démarche, sinon sur ses motivations. Après s'être rendu en août 1939 aux États-Unis, notamment pour y rencontrer Charles Lindbergh, il est mobilisé à la déclaration de guerre comme professeur de navigation aérienne sur la base de Toulouse-Montaudran. Déjà écrivain de renommée internationale, il a publié trois romans : *Courrier Sud* en 1929, *Vol de nuit* en 1931 et *Terre des hommes* en 1939, lauréat, en décembre de la même année, du grand prix du roman de l'Académie française. Son statut de « prof » le désespère car, proche de la quarantaine, il est jugé trop vieux pour piloter des avions de combat. L'on « me tient en réserve, comme un pot de confiture, sur les étagères de la propagande, pour être mangé après la guerre », fulminait-il.

Il obtiendra d'être affecté le 26 novembre à la troisième escadrille du groupe 2/33 de grande reconnaissance, basé à Orconte, dans la Marne, sous le commandement du capitaine Schunk. Il loge dans une petite ferme glacée et s'entraîne sur des avions Potez 63 (bimoteurs de chasse). Il n'effectue pas encore de vols opérationnels, mais son escadrille, comme d'autres, enregistre de lourdes pertes, même si la guerre « tourne au ralenti ». Saint-Ex s'afflige, non de la marche sinistre des choses, mais de l'humaine condition des autres :

> « Il n'y a que l'autre qui soit dramatique. Soi, ça n'est jamais, jamais, dramatique. 10 000 mètres, on y va. On explose, et il n'y a rien. Mais l'autre, on ne peut jamais le visiter. L'autre, c'est un territoire sans frontière… (1) »

En janvier 1940, son groupe aérien est transféré pour un temps à Athies-sous-Laon, puis retourne à Orconte, avant de se replier sur la région parisienne en mai au moment de l'offensive allemande. Sa première véritable mission est effectuée le 29 mars sur un Bloch 174 qui remplace le Potez. Il y en aura plusieurs, comme celle du 23 mai où il vole vers Arras, épreuve qui lui inspirera *Pilote de guerre*. Le 2 juin, il reçoit la croix de guerre avec palme. Après la demande d'armistice, ce qui reste du groupe 2/33 (dix-sept avions ont été abattus sur vingt-trois) reçoit l'ordre le 20 juin de rejoindre Alger-Maison Blanche. Il y va aux commandes d'un quadrimoteur Forman 220 en mauvais état dans lequel il fait embarquer les pilotes qu'il peut trouver… On le démobilise en août. Dans cette ville qu'il surnomme la « poubelle du monde », il vit, sort le soir, fréquente les cabarets, va à la plage et commence à écrire *Citadelle*… Il s'y désole car les nouvelles sont bien mauvaises. Il se rend compte que l'armistice n'a rien réglé, et la destruction d'une partie de la flotte française à Mers el-Kébir ajoute à la désillusion générale. Les deux camps, nettement représentés par Pétain et de Gaulle, ne lui conviennent pas. Ne faisant pas preuve d'une grande lucidité sur les événements, il va même jusqu'à redouter, à ce moment, dans cette France écrasée à moitié occupée par l'armée allemande, une simple « guerre civile » entre Français… Durant l'automne, il part à Vichy obtenir un visa pour les États-Unis, puis, dans la voiture de Drieu la Rochelle, se dirige vers Paris, avant de retourner en Afrique du Nord. « Ivre de bonne volonté », comme Saint-Ex se qualifie lui-même, il finit par embarquer au début du mois de décembre à Lisbonne pour New York, sur le paquebot *Siboney*, en compagnie de Jean Renoir, vers le seul pays, selon lui, à être en position de l'emporter sur l'Allemagne. Le 1er janvier, le *New York Times* le cite :

> « Notre pays a perdu la guerre parce que les hommes placés à la tête des armées ont été entièrement incapables de saisir la nature de la guerre moderne et parce que le pays était dans la lamentable incapacité de s'organiser. L'Allemagne a défait la France grâce à sa puissance industrielle… »

Saint-Ex s'installe d'abord à l'hôtel Ritz-Carlton. Fêté par les Américains, il reçoit le National Book Award pour avoir écrit l'année précédente le meilleur livre de littérature générale. Les librairies sont pleines de ses ouvrages. *Terre des hommes* vient de passer le cap des 150 000 exemplaires. Il sort beaucoup, écrit, et fréquente largement ces splendides et courageux « patriotes » de la Ve Avenue. On lui trouve un appartement au 27e étage, 240 Central Park South. Le 31 janvier, à Vichy, le maréchal Pétain le nomme au Conseil national qu'il vient de créer. Saint-Exupéry, furieux, tombe des nues et ne trouve d'autre possibilité que de refuser cette « distinction » par voie de presse, dans le *New York Times* du même jour. Sans doute avait-il oublié que, lorsqu'il était allé à Vichy demander un visa à Henri du Moulin de Labarthète, chef du cabinet civil du Maréchal, il l'obtint sans difficulté et accorda à son interlocuteur l'autorisation de se servir de son nom dès lors que celui-ci le jugerait utile dans l'intérêt du Maréchal (2).

Ses jours s'écoulent dans l'écriture. Il travaille à son *Pilote de guerre.* Il répond aux sollicitations de la presse : la revue *Harper's Bazaar* lui demande, par exemple, d'évoquer les livres qui lui ont laissé un souvenir particulier. Il voit beaucoup de monde. Toutes les « factions » françaises présentes à New York le sollicitent. Malheureux de ne pouvoir combattre, il reste cependant hésitant, loin, en tout cas, des « gaullistes » qui le réclament. Gaston Gallimard, à Paris, écrit en avril à l'un de ses correspondants que Saint-Exupéry va rentrer en France sous deux mois. Le 22 juin 1941, l'Allemagne envahit la Russie. Les Français libres et les Anglais se battent en Syrie et au Liban contre les Français de Vichy. Il s'en désespère. À la fin du printemps, Saint-Ex quitte New York pour Hollywood, chez Jean Renoir, afin d'y subir une intervention chirurgicale. Convalescent, il écrit et s'accroche à son œuvre sans entrain. Dans une lettre datant du mois de septembre, il déclare :

> « Je suis arrivé à un dédain total de tout ce qui m'intéresse… Puisque je ne suis pas mort à la guerre, je m'échange contre autre chose que la guerre… La seule aide est la paix des litiges. (3) »

De retour à New York en novembre, il aurait manifesté la volonté de rentrer en France, par des voies clandestines, et s'imagine assez curieusement que seules les circonstances politiques le lui interdisent… La vie continue ! Au matin du 7 décembre 1941, le Japon bombarde Pearl Harbor et les États-Unis entrent en guerre.

Dès le début de 1942, Saint-Ex travaille à la version anglaise de *Pilote de guerre* (*Flight to Arras*). C'est un succès, encore un, malgré les faiblesses romanesques de l'ouvrage, plombé par les explications sur l'inéluctabilité de la défaite française pour des raisons « numériques » face à la grande et industrieuse Allemagne. Il estime cependant que « ce livre fut le service le plus efficace rendu à la cause française sur le territoire américain ». À la fin du mois d'avril, Saint-Exupéry part pour le Canada où il donne deux conférences et y livre l'une des clés de sa pensée romanesque, selon laquelle il n'y a pas d'opposition entre le rêve et l'action car il faut vivre avant d'écrire : « J'ai horreur de la littérature pour la littérature. Pour avoir vécu ardemment, j'ai pu écrire des faits concrets. C'est le métier qui a délimité mon devoir d'écrivain. (4) »

Pendant que le général Montgomery progresse vers la Libye et que les Allemands s'enlisent à Stalingrad, les Alliés débarquent en Afrique du Nord le 8 novembre 1942. Les Allemands envahissent la zone sud de la France tandis que la flotte française se saborde à Toulon le 27 novembre. Les États-Unis rompent, enfin, leurs relations diplomatiques avec le gouvernement de Vichy. L'amiral Darlan, ex-chef du gouvernement du Maréchal, ex-successeur désigné de Pétain, qui est sur place à Alger, fait d'abord tirer sur les Anglo-Américains, puis change d'avis, négocie et rejoint la dissidence. Il prend la direction d'un Conseil impérial pour le regroupement des forces françaises. Le général Giraud, alors à la tête des forces françaises de Vichy en Afrique du Nord, suit le mouvement. Puis Darlan est assassiné ; Giraud prend sa suite. Saint-Exupéry, revenu à New York après un long séjour d'été à Westport (Connecticut), lance à la fin du mois de novembre un appel radiophonique qui commence par ces mots : « D'abord la France. » Il se réjouit qu'enfin, maintenant que le pays est entièrement occupé, il n'y ait plus de litiges, de tendances différentes, d'intérêts opposés puisqu'il n'y a plus qu'une seule cause : celle de la Libération. Jugeant « ridicule » le problème Giraud-de Gaulle, il n'a dès lors plus qu'une idée : rejoindre son ancien groupe aérien à Tunis. Au mois de janvier 1943, il rencontre plusieurs fois à New York le général Béthouart, représentant militaire du général Giraud. En avril, *Le Petit Prince* paraît en anglais puis en français. Saint-Ex, qui l'a souhaitée avec insistance, reçoit enfin sa feuille d'embarquement et part pour Oran sur un transporteur de troupes britannique : le *Stirling Castle*. Il arrive le 4 mai, effectue une courte mission pour Giraud puis retrouve son unité, le 2/33, et reprend ses vols d'entraînement, d'abord sur des avions Bloch 174, puis sur un Lightning P38 à Oujda. Son adresse postale est maintenant : Capitaine de Saint-Exupéry, 3RD Photo Group, APO 520, US Army. Il est promu commandant le 25 juin. Le 21 juillet a lieu sa première mission de combat. Il s'abîme à l'atterrissage le 1er août puis est interdit de vol le 11 du même mois. Le lendemain, Saint-Exupéry, déconfit par cette mise à pied, s'empare du Lightning de liaison et, dès l'aube, file sur Alger, pour voir le général Donovan (5). Il revient le soir même. Quelques jours plus tard, le major Dunn, son commandant de groupe, est muté aux États-Unis. Cela ne change rien : Saint-Exupéry est mis en réserve de commandement. Pendant près de neuf mois, il se morfond à Alger, poursuit l'écriture de son manuscrit *Citadelle*, s'ennuie dans ce qu'il nomme « cette voie de garage où tout se délabre. Cette gendarmerie moisie de fond de province. Cet extraordinaire ridicule des pions qui règnent » (6). Il croise André Gide...

Le temps passe bien lentement pour lui. En avril 1944, le 23 et le 24, il se rend à Naples pour tenter, mais en vain, de rencontrer le général Eaker, qui commande l'aviation américaine en Méditerranée. Il y revoit ses amis du 2/33 qui y stationne depuis janvier. Puis, miracle ! En mai, il est réintégré dans son escadrille, à Alghero (Sardaigne), et reprend ses missions au-dessus de la France au mois de juin. Il en effectue plusieurs, dont certaines avortées pour des raisons techniques. Sur l'intervention de qui ? À l'ordre donné par qui, alors que le général de Gaulle, seul chef du Comité français de libération nationale à l'époque, l'avait expressément maintenu en réserve de commandement ? Saint-Exupéry écrit lui-même : « ... Mais j'ai dû à la gentillesse du général américain Eaker de bien vouloir faire une exception pour moi, et me voici réintégré dans mon rôle de pilote de Lightning P38. (7) » Étrange réponse de la part d'un officier supérieur ayant désobéi à son commandant en chef français !

Plus proche de Vichy que de la France libre...

Saint-Exupéry n'aimait pas de Gaulle, ce général factieux, « candidat dictateur » ! Il n'était pas le seul, même chez ceux venus se battre à ses côtés après juin 1940. Les débuts de la « France libre » se caractérisent par l'extrême solitude du Général, qu'à peu près personne, parmi les élites du « pays de France », selon une expression de Saint-Ex, n'était venu rejoindre en Angleterre. Et pas seulement les militaires de haut rang ou les « politiques » de renom ! Il y avait des soldats, des aviateurs et des marins français inscrits dans les armées anglaises et, plus tard, des résistants en lien direct avec les services secrets britanniques. Parmi les « intellectuels », Raymond Aron lui-même, arrivé très tôt en Angleterre, se définissait comme un « non-gaulliste à Londres ». Il ne cessera de critiquer l'action du général de Gaulle, qui prétendait se mêler de politique.

De son côté, le Général s'est peu préoccupé de Saint-Exupéry. À Brazzaville, le 19 avril 1941, il envoie un télégramme à René Pleven et au général Petit posant une série de questions destinées à faire le point sur les « affaires » de la France libre, dont l'une le concerne : « Où en sommes-nous aux États-Unis ? Sieyès a-t-il pu commencer sa mission d'organisation de nos comités ? Focillon nous a-t-il ralliés ? Ne peut-on rallier Saint-Exupéry ?… » Les deux hommes ne se sont pas rencontrés, même à Alger, après la mise à l'écart du général Giraud, lorsque de Gaulle devint le seul chef du Comité français de libération nationale. Dans ses écrits, Saint-Exupéry, furieux de l'interdiction par la censure gaulliste (8) de son *Pilote de guerre* en Afrique du Nord, comme de celle par la censure allemande en France, laisse entendre qu'il aurait sollicité une entrevue au début de 1944. Nous n'avons ni document ni témoignage confirmant ce « souhait ». Mais au-delà du personnage qu'il n'aimait pas, pourquoi Saint-Ex a-t-il étendu sa réprobation à l'ensemble des forces de la « France libre » alors qu'il n'a pas un instant hésité à retrouver les représentants de Vichy à Alger, en particulier le général Giraud, au moment où celui-ci conduisait sur place la politique du Maréchal et de son gouvernement (lois antijuives, arrestation des communistes et des résistants, etc.) ?

Henri-Christian Giraud, petit-fils du général, nous en donne une interprétation cohérente dans un article : « De Gaulle/Saint-Exupéry : la grande discorde » (9). Saint-Exupéry, qui se désespérait de la division entre Français créée selon lui par l'appel du 18 juin, qui conduisait des compatriotes à tirer sur d'autres compatriotes, avait soutenu l'armistice demandé par le Maréchal au nom d'une raison morale bien connue : continuer le combat était irréaliste car la défaite était irrémédiablement acquise face à la supériorité allemande qui, selon lui, « nous aurait coûté deux millions d'hommes morts inutilement » à vouloir poursuivre la guerre. Le salut de la France n'était que dans sa survie, donc l'arrêt des combats « dans l'honneur », et dès que possible, car aucune nation au monde n'est prête à accepter le sacrifice ultime. D'où cet armistice salutaire, seule façon d'éviter le chantage à la mort des nazis contre les malheureuses populations de France. De Gaulle n'est pour lui, au mieux, que le chef d'une légion étrangère, certes légitime et courageuse, mais à la condition de ne tirer que sur l'ennemi, et qui ne confère aucunement à son chef le droit de parler au nom de la France.

> « Le gaullisme en très résumé ? Un groupe de “particuliers” (c'était des particuliers) se bat hors la France vaincue qui a à sauver sa substance. Et c'est très bien. Il faut qu'elle soit présente au combat. Et le Général d'une telle légion étrangère m'eût eu au combat. Mais ce groupe de “particuliers” se prend pour la France… Il prétend tirer bénéfice d'un sacrifice moins grand que le leur (et il n'est de sacri-

> fice vrai que sans bénéfice). De ce qu'il est hors de France présent au combat, de ce qu'il constitue une bien normale “légion étrangère”, il prétend tirer comme bénéfice de gérer la France de demain ! C'est absurde, car l'essence du sacrifice, c'est qu'il ne gagne aucun droit. Ça, c'est essentiel. C'est absurde, car la France de demain doit renaître (si renaissance il y a) de sa propre substance. De celle qui a fourni les prisonniers, les otages, les enfants morts de faim. Ça aussi, c'est essentiel. Leur assemblée ? Ils jouent très bien. C'est la pièce jouée qui est ridicule. Ils se croient “la France” quand ils devraient être “de France”, c'est absolument autre chose ! *[...]* Ce sont des fascistes sans doctrine ! (10) »

Soudain, les événements viennent déchirer l'horizon mental de l'écrivain. L'invasion de la zone libre par les Allemands, le sabordage de la flotte à Toulon, la désignation par les Américains de l'amiral Darlan comme commandant en chef des armées françaises en Afrique justifient brutalement son ardeur nouvelle à retourner combattre l'ennemi sur des ailes étrangères.

Lisant l'appel de Saint-Exupéry publié fin novembre, le journal *Pour la victoire* publie en retour, le 12 décembre 1942, une réponse cinglante de Jacques Maritain. Saint-Exupéry est pour lui bien oublieux de certaines vérités :

> « C'est un fait que la division entre ceux qui pendant la grande épreuve se sont résignés à l'ordre nazi et à l'Europe totalitaire et ceux qui sont restés fidèles à la vocation de la France est le schisme le plus profond que notre histoire ait connu. Ce schisme a été créé par les mêmes hommes qui ont trahi l'esprit et le peuple de chez nous. Ce ne sont pas des appels à l'union qui le surmonteront… La France, en tout cas, devra se délivrer d'eux et de leur fantôme de Révolution nationale pour que la réconciliation des Français soit possible. »

> « C'est la France elle-même qui, depuis deux ans, nous somme tous de continuer le combat. Le peuple de France a continué le combat dans la détresse et dans la nuit,

désarmé, affamé, au prix d'une lutte atroce non seulement contre l'ennemi, mais contre des Français qui voyaient le salut de la patrie dans l'acceptation de l'esclavage. Des garçons héroïques se sont échappés de France pour continuer le combat à ciel ouvert… Maintenant, Saint-Exupéry nous dit qu'il n'y a plus désormais qu'une place possible pour les Français mobilisables, celle de combattant. Pourquoi cette pensée ne s'impose-t-elle à lui qu'aujourd'hui ? »

Jacques Maritain déroule ensuite ses griefs et parle de confusions trop graves pour qu'il ne soit pas nécessaire d'y répondre…

« Vichy n'est pas la France, et *[que]* le peuple français ne saurait être confondu avec un pouvoir usurpé surgi de la défaite et de la honte. Vichy a pris parti pour la collaboration avec l'Allemagne. Le peuple de France a pris le parti contraire. Saint-Exupéry n'a voulu plaider que pour la France. Il a tort d'oublier que la série d'abandons et de déshonneurs qui se sont succédé depuis deux ans… ont résulté d'un premier abandon tragique, dont l'expression décisive a été l'armistice de 1940. »

Et Maritain de poursuivre :

« Il *[Saint-Ex]* ne veut pas s'ériger en juge. Mais, malgré lui, il ne peut pas ne pas juger, et il ne juge pas justement. Il ne peut demander qu'on s'abstienne de juger qu'en jetant le blâme sur ceux qui depuis deux ans n'ont pas partagé son silence et sa douloureuse expectative. *[...]* Il semble très peu informé du travail de résistance qui se fait en France et de l'état d'esprit des Français. *[...]* Il s'adresse à ses compatriotes en séjour ici, il leur ouvre les bras et leur demande l'union. Mais il ne voit dans les conflits qui partagent les Français que rivalités personnelles et ambitions. »

Saint-Exupéry fut choqué par le texte de Jacques Maritain et lui répondit par une lettre personnelle toute de dénégation :

> « Je n'ai jamais eu de lien avec Vichy… *[…]* J'ai pensé France… *[…]* Nous pensions de la France officielle qu'elle refusait péniblement, sous le poids des chantages, les concessions majeures. Nous estimions qu'il valait mieux ne point léser, aussi contradictoire, incohérent, et parfois invisible qu'il fut, cet effort réel de résistance. Nous pouvions nous tromper. Nous pouvions ne pas nous tromper. Nos erreurs éventuelles n'affectaient en rien nos intentions. (11) »

En août 1943, alors qu'il vient de rejoindre son unité avec autorisation de voler, Saint-Exupéry ne modère en rien son jugement sur le chef de la France libre :

> « Je n'aime pas plus aujourd'hui le général de Gaulle. C'est ça la menace de dictature. C'est ça le national-socialisme. Je n'aime pas la dictature, la haine politique, le credo du parti unique. Quand le national-socialisme meurt ailleurs, ce n'est vraiment pas raisonnable de le réinventer pour la France. Je suis très impressionné par cette bande de fous. Leur appétit de massacre entre Français, leurs souhaits en ce qui concerne la politique d'après-guerre (bloc européen) conduira une France aussi affaiblie que l'Espagne à ne plus être qu'un satellite de la Russie ou de l'Allemagne. Ce n'est pas dans cette direction que loge pour moi la vérité. Croit-on encore que le gaullisme représente la démocratie et le général Giraud la tyrannie ? Je reprocherai plutôt à Giraud d'avoir été faible comme un mouton et d'avoir cédé sur tous les points au candidat dictateur. (12) »

Dans une longue lettre non envoyée à Joseph Kessel (13), il tente encore de soutenir l'armistice :

> « Nous aurions perdu deux millions d'hommes pour retarder de vingt heures l'avance allemande. Quelque chose comme le génie de l'espèce refuse cette stérile hémorragie. Deux millions de morts. Six millions de prisonniers. Trois ou quatre millions de déportés et par-dessus tout

le fantôme des transferts de population. *[...]* Et le reste : femmes, enfants et vieux mendiants à l'envahisseur, de la graisse pour chemins de fer pour leur improbable survie. *[...]* Actuellement ton gaullisme prépare la guerre contre les Américains ou éventuellement contre les Anglais. *[...]* L'Être à sauver était la France et celui-là est déjà ruiné, menacé d'aller en morceaux à cause de vos divisions. »

En novembre 1943, il réitère une méfiance qui continue d'être surprenante :

« On fusillera beaucoup l'année prochaine et ce sera un peu mélancolique. Que servira cette récolte ? Les problèmes réels ne sont pas posés. Le pouvoir n'est que le moyen d'imposer une bible : où est la Bible ? Aussi génial que soit le général de Gaulle (et je crois assez en son génie politique), il faudra bien un jour qu'il use des passions qu'il aura soulevées. Il faudra bien qu'il pétrisse quelque chose. (14) »

En janvier :

« Je suis d'ailleurs absolument certain qu'elle *[la France]* les plébiscitera *[les « gaullistes »]*. Par haine d'un Vichy malpropre. Et par ignorance de leur essence. Ça, c'est la misère d'un temps où manque toute lumière. On n'évitera pas la terreur. Et cette terreur fusillera au nom d'un Coran informulé. Le pire de tous. *[...]* Mais cette défaite aura quand même sauvé le monde. Notre écrasement accepté aura été le point de départ de la résistance au nazisme. (15) »

Que dire de cette profonde absence de lucidité politique sur l'importance de l'armistice, la situation de la France dans le conflit, sa position, la contribution du mouvement gaulliste à sa survie et sa place du côté des vainqueurs ? Est-ce uniquement par méfiance vis-à-vis de De Gaulle ? Répondre positivement serait résumer leur opposition à un simple conflit de personnes entre deux hommes qui ne se sont jamais rencontrés. Ce dernier n'a fait que constater l'hostilité de Saint-Ex et ne le mentionne pas dans son allocution d'Alger, le 30 octobre 1943, où il cite les écrivains français qui ont contribué à sauver l'esprit de la France. C'est bien le moins ! Il le met en réserve de commandement le 7 janvier 1944, décision qu'il maintiendra par la suite, non par brouille, comme cela a été trop souvent affirmé, mais parce que l'intéressé n'avait plus l'âge, ni la condition physique, de piloter un avion de combat.

Saint-Exupéry, pilote expérimenté et courageux, parti dès l'armistice à New York grâce à un passeport donné par Vichy, s'est finalement consacré à ses livres, tours de cartes et exercices de mathématique, mais jamais ne s'est rapproché ni de l'Angleterre ni de la France libre, ce qui lui aurait été facile à partir des États-Unis. Après le débarquement des Alliés en Afrique du Nord, il restera, avec l'appui du général Giraud, un pilote insoumis volant sous commandement américain. Si l'ordre de rester « en réserve » donné par de Gaulle avait été obéi, notamment par l'intéressé et par certains officiers de l'US Air Force dont il faut peser l'ignorance, l'arrogance et l'irresponsabilité, Saint-Exupéry aurait survécu et poursuivi ce pour quoi il valait vraiment : l'œuvre d'un grand écrivain français.

Le 3 novembre 1944, le général de Gaulle, président du gouvernement provisoire, cite à l'ordre de l'armée le commandant pilote de grande reconnaissance Antoine de Saint-Exupéry pour la qualité de ses missions cartographiques effectuées durant le mois de juin 1944, cette citation valant attribution de la croix de guerre avec palme de vermeil.

1. Antoine de Saint-Exupéry, *Pilote de guerre*, Gallimard, 1942.
2. Henri du Moulin de Labarthète, *Le Temps des illusions*, À l'enseigne du Cheval ailé, 1946, p. 250.
3. Antoine de Saint-Exupéry, *Écrits de guerre (1939-1944)*, Gallimard, 1982.
4. *Idem*.
5. William Joseph Donovan, commandant l'OSS (Office of Strategic Services).
6. Antoine de Saint-Exupéry, *Écrits de guerre (1939-1944)*, *op. cit.*
7. *Idem*, p. 402.
8. Gallimard n'avait pas le droit de diffuser l'ouvrage en Afrique du Nord. La raison ? Saint-Exupéry déniait à la France combattante toute importance dans une future victoire qui ne pouvait être que celle des Américains.
9. Henri-Christian Giraud, « De Gaulle/Saint-Exupéry : la grande discorde », *La Nouvelle Revue d'histoire*, n° 90, mai-juin 2017.
10. Antoine de Saint-Exupéry, *Écrits de guerre (1939-1944)*, *op. cit.*, p. 359.
11. Antoine de Saint-Exupéry, *Écrits de guerre (1939-1944)*, *op. cit.*
12. Lettre à Curtice Hitchcock, août 1943, *Écrits de guerre (1939-1944)*, *op. cit.*, p. 271.
13. Antoine de Saint-Exupéry, *Écrits de guerre (1939-1944)*, *op. cit.*, p. 329.
14. Antoine de Saint-Exupéry, *Écrits de guerre (1939-1944)*, *op. cit.*
15. *Idem*.

Épopée cinématographique

Frédéric d'Agay

Adaptations, tournages, écriture de scripts et de scénarios, rencontres avec des actrices, solides amitiés avec des metteurs en scène… les liens d'Antoine de Saint-Exupéry avec le cinéma sont multiples. Mais paradoxalement, aucun projet de grand film sur sa vie et son œuvre n'a réussi à être mené à bien.

Produite par la Metro-Goldwyn-Mayer en 1933, la première adaptation à l'écran d'un de ses romans est *Night Flight,* de Clarence Brown, célèbre metteur en scène de Hollywood, après le succès de la traduction de *Vol de nuit* (1931) aux États-Unis. Ce film connut un joli parcours en Amérique et en France, Saint-Ex regrettant seulement que son expertise de pilote ne fût pas sollicitée sur des aspects techniques et sur les sous-titres du film (1) !

Petit-neveu de l'écrivain, **Frédéric d'Agay** est historien et éditeur. Il a notamment contribué à l'*Album* Pléiade d'Antoine de Saint-Exupéry, et aux *Œuvres complètes,* tome I (Gallimard, 1994).
fredericdagay@orange.fr

L'année suivante, alors qu'il s'occupe des relations extérieures d'Air France, Jean Chitry, chef de la propagande de la compagnie, lui demande, en tant que « chantre » de l'aviation, d'être le conseiller histoire et aviation du film de Félix Forestier *Atlantique Sud*, à la gloire des ailes françaises (2) !

Mais Saint-Exupéry n'entre pleinement dans le monde du cinéma qu'en 1936, lorsqu'il collabore à l'adaptation et aux dialogues du film *Anne-Marie*, réalisé par Raymond Bernard, qui devint un de ses meilleurs amis. Dans son dossier nécessaire au département d'État américain pour pouvoir quitter la France, Saint-Ex écrivit : « Je donnerais volontiers ma vie pour Raymond Bernard. (3) »

Anne-Marie était le roman d'une aviatrice, interprétée par la talentueuse actrice Annabella, avec Pierre Richard-Willm et Jean Murat, alors mari d'Annabella. Cette même année 1936, le cinéaste Pierre Billon reçut de son attaché de presse le scénario que Saint-Ex avait tiré de son premier roman, *Courrier Sud*. Après un premier contact au sujet de films policiers, Billon enferma Saint-Ex et un adaptateur de film allemand dans une auberge près de Fontainebleau pour qu'ils écrivent au calme. Mais, raconte Pierre Billon, tous les amis de l'auteur passaient le voir pour d'interminables soirées bien arrosées alternant discussions littéraires, philosophiques et tours de cartes. Saint-Exupéry travaillait parallèlement sur une série d'articles sur la guerre d'Espagne, que Billon allait livrer à *L'Intransigeant* à Paris. Le scénario n'avançait pas et il fallut bien rentrer à Paris, se mettre à la tâche à l'hôtel Lutetia où il s'était installé, supervisé par André Aron et Robert Bresson. À nouveau, ce fut bien long : Saint-Ex venait de recevoir son nouveau Caudron Simoun, avec lequel il faisait des essais et des acrobaties avec le cinéaste, mort de peur. Françoise Giroud, engagée comme scripte, tapait dialogues et découpages. Fin 1936, le tournage commença dans la région de Mogador, au Maroc, pour les scènes du désert. Saint-Exupéry rejoignit l'équipe avec un Laté 28, prêté par Air France, pour participer au tournage comme pilote, dispenser mille conseils techniques… et donner à tous « la mystique du courrier ». Ils ne le revirent qu'à la première, au Marignan, à Paris. Didier Daurat confia par la suite à Pierre Billon que Saint-Ex avait été un peu déçu de ne pas retrouver dans son film la force sentimentale de ses fiançailles et de son histoire d'amour avec Louise de Vilmorin, qui fut le point de départ du livre (4). J'ai eu la chance de rencontrer le photographe de plateau de ce film, Walter Limot, et son fils m'a donné toutes les superbes photos du tournage de *Courrier Sud* dans le désert, les scènes avec les Maures, les avions, Françoise Giroud sur la dune, dont Saint-Exupéry sauva la vertu, raconta-t-elle !

Sa rencontre avec Jean Renoir, sur le *Siboney,* fin 1940, fut le début d'une amitié fulgurante, qui déboucha sur une adaptation de *Terre des hommes* au cinéma. Le livre d'Antoine de Saint-Exupéry venait d'obtenir le grand prix du roman de l'Académie française et le National Book Award aux États-Unis. Tandis que Renoir partait pour Hollywood, Saint-Ex resta à New York. Il s'ensuivit une formidable correspondance… sur disques, que l'écrivain-pilote enregistrait sur les nouveaux magnétophones ou dictaphones, découverts en Amérique. Ce trésor a été retrouvé par mon ami Alban Cerisier dans les archives de Dido Renoir et publié par Gallimard en 1999 (5). C'est un très rare texte d'un grand écrivain commentant son œuvre et proposant des adaptations, des raccourcis, des idées pour tourner certaines scènes à un non moins grand réalisateur. Il séjourna longuement chez Jean Renoir à Los Angeles, après une opération, travaillant à *Pilote de guerre* et au *Petit Prince*, faisant des tours de cartes à Jean Gabin et Marlene Dietrich (6). Pendant ce séjour, il revoit l'actrice Annabella – alors mariée à Tyrone Power, également pilote –, qui lui rend visite à l'hôpital. Ils parcourent ensemble les *Contes* d'Andersen, un des modèles du *Petit Prince,* dont il lui lisait les passages du livre en train de s'écrire. Aussi, en souvenir, lui léguera-t-il les épreuves du *Petit Prince* (7) !

Marc Allégret, le cinéaste qui lui avait été présenté par sa cousine Yvonne de Lestrange, lui écrit après la parution de *Terre des hommes* pour l'adapter, avec des ébauches du projet suivies de rendez-vous, que la guerre balaya… Saint-Exupéry avait déjà pensé à lui pour un film sur « la Ligne », en 1927 :

> « Et c'est là que peut-être il y aurait un beau film à faire et qui intéresserait beaucoup la maison. Dis bien à Marc Allégret qu'en tout cas ça ne s'est jamais fait et que c'est un inconnu bien tentant *[…]* Et le peu que j'ai vu de Marc Allégret m'a frappé. Ce pouvoir qu'il a. Un type pareil serait une grande aide. (8) »

Pendant le tournage de *Courrier Sud*, Saint-Exupéry fut entraîné par Henri Jeanson sur un projet de film de son ami Alexander Korda, à Londres, retraçant l'histoire de l'aviation depuis ses débuts. L'idée plut à l'écrivain, qui partit pour la capitale britannique avec Jeanson, où ils firent la fête, mais leur enthousiasme retomba car les résultats du tournage déjà commencé n'étaient pas à leur goût. Saint-Exupéry aurait souhaité faire participer les survivants de l'épopée aéronautique, alors que réalisateurs et metteur en scène leur préféraient des acteurs. Le film, *Conquest of the Air*, ajourné à plusieurs reprises, ne sera réalisé qu'en 1940 d'après le scénario de Hugh Grayaud et Peter Besancent. Le générique mentionna le nom de Saint-Exupéry. Au cours de ce voyage à Londres, il connut le comédien Charles Laughton et Fernand Léger, qui étaient sur d'autres projets de Korda.

D'autres scénarios furent également abandonnés, dont celui de *Igor*, qui se déroule à Rio de Janeiro, un film policier dans l'ambiance interlope des paquebots avec poker, hommes carrés, femmes enfants (9). *Sonia* se déroule aussi sur un paquebot, de retour d'Amérique du Sud, où la peste se déclare… Dans *Un avion s'est égaré*, un avion doit atterrir au milieu des Indiens, qui emprisonnent les pilotes ; après une scène de baiser entre un pilote et une jeune Indienne, le pilote veut rester au milieu d'eux (10) !

« C'est pourquoi, écrit Paule Bounin, l'étude des scénarios, qui ne sont encore que la perspective imaginaire du film, est tellement plus intéressante que la lecture des scripts des films projetés à l'écran, qui, tous, ont déçu Saint-Exupéry. (11) » Il ne considérait pas les adaptations de ses livres comme ses œuvres mais comme une œuvre collective, un compromis. « Je ne puis empêcher les producteurs de jouer sur une signature qu'ils ont payée mais je ne joins pas mes efforts aux leurs », écrit-il à Nelly de Vogüé, l'égérie parisienne de la fin de sa vie.

« Le cinéma et le journalisme sont des vampires »

On voit ainsi que l'atmosphère de ses films ou projets de films, avec intrigue policière, femmes fatales et prostituées, gangsters ou flics n'était pas du tout celle de ses livres, bien loin du *Petit Prince*. Mais en fait, l'univers de ses scénarios rejoint bien des aspects de sa personnalité : un homme massif, très masculin, qui ne se laisse pas dominer, et protecteur des femmes de passage, aventurières ou fragiles, qui rappelle *Pépé le Moko* et les films de cette époque. En fait, écrivait Saint-Exupéry à Nelly de Vogüé en 1936 : « Le cinéma et le journalisme sont des vampires qui m'empêchent d'écrire ce que j'aimerais. (12) »

En mai 1943, Orson Welles, qui venait d'adapter *Vol de nuit* et *Terre des hommes* pour la radio américaine, découvrit *Le Petit Prince* et prit une option de deux mois sur les droits cinématographiques. Saint-Exupéry était très excité par ce projet, qui combinait réalité et animation. Mais faute du soutien de Walt Disney, il ne vit pas le jour (13).

Il fallut attendre 1958 pour que soit tourné un premier documentaire sur Saint-Exupéry, par Jean-Jacques Languepin, mêlant témoignages et poésie pour reconstituer le désert, le camp d'Orconte en 1940, ou le dernier déjeuner des bords de Saône avec Léon Werth (14). Il y eut ensuite l'admirable film d'Ange Casta pour l'ORTF, *Visages de Saint-Exupéry* (1962), où tous les témoins de l'époque encore vivants s'expriment avec émotion et nostalgie.

Quand je commençais à m'occuper des droits en 1986, après la mort de ma grand-mère Gabrielle d'Agay, sœur de l'écrivain, plusieurs projets de films biographiques ou mariant sa vie et son œuvre arrivèrent chez Gallimard. Nous rencontrâmes d'abord Hugh Hudson, le réalisateur des *Chariots de Feu,* qui me parut très bien placé, après son évocation d'une équipe sportive, pour reconstituer cette amitié des pilotes de l'Aéropostale, ou de l'escadron 2/33 pendant la guerre, fixer de beaux portraits d'hommes qui ne savaient pas qu'ils étaient des héros. Les rencontres et les discussions avançaient, nous sympathisions, parlions des lieux de tournage, la confiance s'établissait et nous donnions donc notre accord avec Gallimard. Les avocats américains de Hugh Hudson prirent la main, exigeant toutes les cessions sur fond de moult tracas avec le droit américain, qui ne reconnaît pas le droit moral. Devant notre résistance avec Antoine Gallimard, ils firent pression sur le cinéaste qui finit par renoncer à son projet. J'étais vraiment désolé… Se présenta alors Alexandre Arcady, réalisateur d'un tout autre genre, mais fort sympathique et agréable, et qui, dans ses films, avait si bien su restituer le passé de l'Algérie qu'il saurait aussi brillamment reconstituer l'ambiance des hangars de l'Aéropostale et de ses hommes liés par l'amitié. Nous avancions très bien, son producteur leva les droits cinéma, et il commença à travailler sur son scénario. Mais le réalisateur fut freiné par le coût et les difficultés du tournage des scènes d'aviation, obligatoires dans ce genre de film. C'est alors que survint une proposition de Claude Berri, le plus puissant producteur français de cette époque, capable financièrement et techniquement de filmer des avions, des combats aériens, etc. Alexandre se retira et nous fûmes enthousiasmés par ce nouveau projet de grande ampleur. Mais Claude Berri n'arrivait pas, nous dit-il, à trouver un fil conducteur. Je pense au contraire qu'il était évident : la vie de Saint-Exupéry étant émaillée de ses livres, tous autobiographiques, il n'y avait qu'à suivre l'écriture qui renvoie à la vie et la vie qui renvoie aux livres. Nous nous sommes alors engagés, avec Jean-Louis Mingalon, critique au journal *Le Monde*, pour écrire cette épine dorsale du film. Mais le projet s'enlisa. Claude Berri nous fit dire que ce projet était beaucoup trop cher pour lui, et au bout d'un certain temps il ne renouvela pas les droits, et le film tomba à l'eau. J'ai su par la suite que Berri avait monté ce projet pour évincer Arcady et l'empêcher de tourner son Saint-Exupéry.

Parallèlement, un projet de tournage de *Vol de nuit* vint d'un grand cinéaste argentin, Raúl de la Torre, qui nous remit son scénario. Il commençait dans une petite ville du sud de la Patagonie. Le pilote sortait du lit encore chaud d'une femme, allumait une cigarette en regardant la mer, puis rejoignait son avion vers sa prochaine étape où, sur une plage, il suivait licencieusement deux jeunes filles allant se baigner... J'arrêtais là la lecture, et on lui écrivit qu'il y avait d'autres moyens de mettre en scène l'éloignement de son foyer d'un pilote en mission.

Raúl de la Torre revint en France l'année suivante à l'occasion du Festival Biarritz Amérique Latine, nous disant qu'il tenait cette fois le bon scénario... Je le lus avidement. La première scène se déroulait dans le cockpit d'un avion de ligne où le pilote appelait l'hôtesse de l'air avant de lui donner une grosse tape sur les fesses ! On eut beaucoup de mal à lui faire comprendre qu'on refusait son nouveau projet, d'autant que si l'aviation commerciale est bien née sur les lignes de l'Aeroposta Argentina, il n'y avait pas d'avions aussi grands ni d'hôtesses à bord pour quatre passagers.

Je crois que la trame d'un film sur Saint-Exupéry, l'écrivain et l'aviateur, l'homme de sciences et le bon vivant, le génie et l'initié, le héros de tant d'aventures, de voyages, de livres, le « philosophe du lien », est justement cet engagement d'homme qui croyait en l'homme, en l'esprit et au besoin de participer au monde de son temps en liant étroitement sa vie et son œuvre. *Terre des hommes* finit ainsi : « Seul l'Esprit, s'il souffle sur la glaise, peut créer l'Homme. »

1. Edmond Petit, « Un film de Clarence Brown d'après Saint-Exupéry, *Night Flight* » in *Icare,* « Saint-Exupéry, deuxième époque, 1930-1936 », volume II, 1974, p. 74-75.
2. Félix Forestier, « Atlantique Sud » in *Icare,* « Saint-Exupéry, deuxième époque, 1930-1936 », volume II, *op. cit.*, p. 90-91.
3. Raymond Bernard, « Une amitié née d'un film » in *Icare,* « Saint-Exupéry, troisième époque, 1936-1939 », volume III, 1976, p. 25-29. Le scénario d'*Anne-Marie* est reproduit dans Antoine de Saint-Exupéry, *Œuvres complètes*, tome II, Gallimard, coll. « Bibliothèque de la Pléiade », 1999, p. 1063. Raymond Bernard est le réalisateur des *Misérables* (1934).
4. Pierre Billon, « Du livre à l'écran », in *Icare,* « Saint-Exupéry, troisième époque, 1936-1939 », *op. cit.*, p. 30-41.
5. *Saint-Exupéry raconte* Terre des hommes *à Jean Renoir*, hors série CD audio, Gallimard, 1999, et *Cher Jean Renoir, projet de film enregistré en 1941 d'après* Terre des Hommes, Gallimard, Les Cahiers de la NRF, série Saint-Exupéry, n° 4, 1999.
6. Jean Renoir, « Il parlait toute la nuit » in *Icare,* « Saint-Exupéry, cinquième époque, 1941-1943 », volume V, 1978, p. 26-29.
7. Annabella, « Sous le signe des contes de fées », in *Icare,* « Saint-Exupéry, cinquième époque, 1941-1943 », *op. cit.*, p. 56-69.
8. Lettre à Yvonne de Lestrange, Juby, mars 1927, *in* Antoine de Saint-Exupéry, *Œuvres complètes*, tome II, *op. cit.*, p. 870.
9. *Igor* a été publié pour la première fois par Christian Janicot, dans un livre éblouissant, réunissant les scénarios de grands écrivains jamais tournés : *Anthologie du cinéma invisible*, Jean-Michel Place, 1995. Raymond Queneau l'avait alors jugé passable pour une maison de production !
10. Ces trois scénarios figurent dans Antoine de Saint-Exupéry, *Œuvres complètes*, tome II, *op. cit.*, p. 1186.
11. Voir l'étude de Paule Bounin dans le même volume, « Saint-Exupéry et le cinéma », p. 1454.
12. Cité par Paule Bounin, *idem.*
13. Le texte du scénario est conservé à la Lilly Library, à l'université de l'Indiana.
14. Jean-Jacques Languepin, « Premier film sur Saint-Exupéry » in *Icare,* « Saint-Exupéry, septième époque, toujours vivant », volume VII, p. 106-111.

Avec Gide, un lien d'amitié et d'admiration

Stéphane Guégan

Qui ne se souvient de l'incipit de *Vol de nuit* ?

« Les collines, sous l'avion, creusaient déjà leur sillage d'ombre dans l'or du soir. Les plaines devenaient lumineuses mais d'une inusable lumière : dans ce pays elles n'en finissent pas de rendre leur or de même qu'après l'hiver, elles n'en finissent pas de perdre leur neige. »

Sillage, or, soir : c'est le langage des *Fleurs du mal* et la tentation qui s'y lit, çà et là, de peindre sur les ténèbres, en détournant la clarté des étoiles… Saint-Exupéry, né avec le siècle, a rempli ses jeunes années de bonnes lectures : on le sait très sensible aux Parnassiens, et d'abord au très baudelairien François Coppée, dont il a retenu, prémonitoires, la mélancolie des départs, les songes humiliés, les petites vies devenues grandes. Et quand la plume se saisit d'Antoine entre 1914 et 1918, la guerre, dont son âge le prive, lui inspire des sonnets indemnes de gloriole. L'un d'entre eux, redécouvert à

Stéphane Guégan est historien de l'art et conseiller scientifique auprès de la présidence du musée d'Orsay. Derniers ouvrages édités : *Bonnard* (Hazan, 2023), l'*Album Charles Baudelaire* (Gallimard, 2024).

l'occasion d'une vente aux enchères en 2017, annonce les romans de l'aviateur et le thème de la nuit protectrice et dangereuse, cette peinture à fond noir :

> « L'Horizon flamboyant jette au travers des bois
> Des lueurs où se mêle un rouge de fournaise
> Il fait nuit mais au loin comme un morceau de braise
> Un village brûlé s'auréole parfois.
>
> Un jeune de vingt ans, sentinelle française
> Songe à son vieux logis quitté depuis des mois
> Il soupire en glanant ses rêves d'autrefois
> Comme on glane les morts quand le combat s'apaise...
>
> Se tournant vers le ciel il y regarde encore
> Le sillage éclatant d'un projectile qui fuse
> Mais déjà tout s'éteint, plus de sillage d'or
>
> Et le soldat soupçonne en son âme confuse
> Qu'en plein essor, noyés dans l'ombre qui les suit,
> Nos rêves quelquefois s'éteignent dans la nuit. (1) »

C'est probablement le genre de poésies qu'Yvonne de Lestrange, cousine de sa mère, trouvait aussi prometteuses que sentimentales. Elle n'en poussa que davantage le débutant, à partir de 1919, dans les bras de *La NRF*, rétive aux excès de lyrisme. Gide comptait parmi les familiers d'Yvonne l'affranchie, bientôt divorcée du duc de Trévise. Dès 1923, Saint-Ex, devenu pilote militaire sous les drapeaux, aimerait voir son nom au sommaire de la revue prestigieuse. Il informe alors sa mère y publier bientôt *Un vol*. Mais son rêve s'éteint vite, aussi vite que la tentative de donner, en 1927, *Manon*. On mesure l'amertume de l'écrivain empêché à la lecture de cette lettre adressée à Yvonne en novembre 1926 ; l'aviateur, qui vient de rejoindre la firme Latécoère à Toulouse, découvre les premières pages du *Voyage au Congo*, plus indolentes et esthètes, il est vrai, que la description acerbe du système colonial qui les suivra :

> « J'ai lu le récit d'André Gide. J'ai toujours la même impression. D'abord une impression d'effort désespéré pour caractériser les choses, pour en donner un raccourci. Mais elles n'en surgissent jamais. À mesure qu'il les touche, il les empaille.

> Et ce n'est pas donner un raccourci que de supprimer verbes et articles. *[...]* Comme je me fous d'André Gide exilé sur les mers d'Afrique, constatant que s'en va à droite une hirondelle qui venait de gauche. Comme je me fous de l'instantané qu'il me donne de lui en notant avec le plus grand soin le détail le plus indifférent, le plus banal, le moins chargé d'image, de sens. Et ensuite ? Je sais bien qu'il pissait aussi, monsieur André Gide, en Afrique. (2) »

Quel que soit le poids du ressentiment, passager, du reste, ces propos signalent un écart, littéraire et générationnel, que Saint-Ex aura à muer en style. Plus l'amitié, les stratégies et les événements le rapprochent de Gide, plus il lui faudra tenir son style à distance. Toujours en 1927, alors que l'Aéropostale le fait vibrer, il écrit : « Peut-être est-ce bête de lire les choses européennes quand il faut se faire tellement libre pour entrevoir une mentalité étrangère, tellement enfant. Et c'est ce qui me choque dans André Gide, qu'il lise Bossuet. Ça empêche de bien s'évader – et déjà peut-être je comprends un peu les Maures. (3) »

Un préfacier de poids

C'est dans le Sud marocain, entre mer et désert, que s'ébauche *Courrier Sud* et se précisent ses difficultés d'auteur :

> « J'y veux faire entrer beaucoup trop de choses et de points de vue différents *[...]* Si jamais je puis passer quelques jours en France dans deux ou trois mois je le montrerai à André Gide ou à Ramón Fernandez. (4) »

Saint-Ex finira bien par confier son manuscrit au père des *Faux-Monnayeurs*, lequel le transmet, en janvier 1929, à Paulhan, le patron de *La NRF.* L'envoi est précédé d'une lettre où se fait jour l'habileté de Gide. Car les livres ne se vendent pas seulement pour leur qualité intrinsèque :

> « Avant mon départ, j'aurais bien voulu vous remettre la dactylographie d'un roman qui, certes, est loin d'être parfait, mais dont certaines parties me paraissent si authentiques dans leur originalité que peut-être les hautes qualités de celles-ci vous inviteront-elles à juger avec indulgence

certaines défaillances. *[...]* De toute manière ce roman est à retenir pour la publication en volume, me semble-t-il, et je crois qu'il sera facile de chauffer le public en raison du caractère héroïque de l'auteur. (5) »

La presse à sensation s'était emparée, en effet, des exploits en tout genre accomplis par Saint-Ex et ses camarades d'escouade. *Courrier Sud*, plutôt bien accueilli à partir de juin, en fait-il un écrivain ? C'est toute la question, qui se posera à la sortie de *Vol de nuit*, deux ans plus tard. Buenos Aires, où il part travailler, l'éloigne un peu de Paris, le deuxième roman l'y ramène, Consuelo est de l'intermède. Le 31 mars 1931, le *Journal* de Gide ne prend pas de gants : « Il a rapporté de l'Argentine un nouveau livre et une fiancée. Lu l'un, vu l'autre. L'ai beaucoup félicité ; mais du livre surtout. (6) »

Emballé, le vieux renard brode une préface à toute vitesse, qui chante ces albatros modernes, plus heureux en haut qu'en bas et multipliant les prouesses par nécessité intérieure. Saint-Ex nous fait comprendre « que le bonheur de l'homme n'est pas dans la liberté, mais dans l'acceptation d'un devoir » (7). Ailleurs, Gide tranche davantage : « Ce qui manque le plus à notre littérature d'aujourd'hui, c'est l'héroïsme. (8) » Les deux complices se retrouvent autour de la reconnaissance de cette part de l'homme que nous ne saurions nommer, ni expliquer, puisque nous ne sommes plus faits, en théorie, à l'image de Dieu. Les ventes s'envolent aussitôt, le Femina, à défaut du Goncourt, confirme le sacre, la polémique s'enflamme en raison précisément du parrainage de Gide. Si Brasillach, dans *L'Action française* du 23 juillet 1931, se trompe sur la morale de *Vol de nuit* (le courage n'y est pas réduit à la gratuité de ses motifs), le caractère hybride du livre ne lui échappe pas. Le style reste victime, par moments, de préciosité et le récit hésite entre roman et récit de voyage. Dure conclusion : « Ce n'est ni un livre d'aviateur, ni un livre d'homme de lettres. »

Entre Amérique et Afrique

L'article a ébranlé Saint-Ex, qui s'en ouvre au critique Benjamin Crémieux :

« Mais où Robert Brasillach me vexe, c'est quand il parle de littérature à cause des images ou de la poésie, parce que je vous jure qu'aucune des images de ce livre n'est intellectuelle. *[...]* Naturellement, j'ai plusieurs langages à ma disposition. (9) »

C'est tout le problème, cette palette, ouverte et fleurie. Crémieux, dans *La NRF* d'octobre 1931, se mue en avocat de la défense. S'il y a un peu de gidisme, selon lui, dans la condensation du verbe et une certaine recherche du « cristallin », il n'en est aucune trace dans la morale du livre, assujettie non à l'individu, mais à la collectivité. Pour Crémieux, le lyrisme du ton s'accorde à la « vie lyrique » de l'auteur, réservoir d'un héroïsme qui déserte nos existences. Dans le secret de son *Journal*, Gide lui-même s'irrite des critiques qui n'ont pas compris le sens de sa préface. Il n'y prétend pas dissoudre la fougue de Saint-Ex dans les solipsismes de Lafcadio et son agir immotivé. Il ajoute même, à l'intention des plus extrémistes : « Enfin s'ils ont si bien admis que le bonheur de l'homme est dans la soumission, je ne comprends plus bien ce qui les révolte dans l'éthique du plan de l'URSS. (10) » Gide et Saint-Exupéry, que ses postes successifs éloignent de France, auront peu d'occasions de se revoir avant la guerre. Mais les conférences et le journalisme du second saluent le grand aîné de temps à autre, le révélateur d'un autre Congo plus que l'intellectuel manipulé, un temps, par Moscou.

Après avoir visité la Russie pour *Paris-Soir*, Saint-Ex précède Gide dans le constat d'un régime dévoyé :

> « On institue le passeport intérieur. Et ceux qui lèvent trop les yeux vers les dangereux signes du ciel, on les expédie en Sibérie, où les hivers à soixante degrés de froid passent comme des laminoirs. Et l'on crée ainsi peut-être un homme nouveau, stable, amoureux de son usine et de son groupe humain *[...]*. (11) »

Notre aviateur, poussé par sa notoriété, sera de tous les avant-postes, la guerre d'Espagne, Munich, l'Allemagne pangermaniste de 1939, condamnés d'une même plume. C'est celle de *Terre des hommes*, grand prix du roman de l'Académie française à la veille de la « drôle de guerre ». Côté *NRF*, c'est toujours Crémieux qui dresse les contre-feux. La « conception aristocratique » que Saint-Ex se fait de la vie ne suffit pas à désarmer Brasillach, qui aimerait voir cette noblesse se mettre au service d'une cause nationale et renoncer aux dernières préciosités de style. Avant que l'Atlantique ne le sépare de Gide, l'intrépide le traverse aux côtés de Guillaumet, avec lequel il établit un record, les 14 et 15 juillet 1939. Il revoit Gide, deux jours plus tard, au château de Chitré, chez Yvonne de Lestrange, Gide qui hissait *Terre des hommes* au niveau du *Miroir de la mer* de Conrad. Sans doute a-t-il vibré en apprenant que son cher Tonio avait rempilé, malgré son âge, face aux avions Messerschmitt du printemps fatal. On sait que Saint-Exupéry tira du duel son plus beau livre, *Pilote de guerre*, première pierre dans le jardin des gaullistes qui jugent de haut, et de loin (12). Un étrange épisode intervient à l'automne 1940, quand il est pressenti pour rejoindre le comité de rédaction de *La NRF* désormais confiée à Drieu la Rochelle : Gide en serait aussi ; l'un et l'autre s'en garderont. On sait que Saint-Ex s'embarque pour New York en décembre et qu'il ne reprendra pied en Afrique du Nord qu'en 1943. Gide s'est transporté en Tunisie dès mai 1942. Alger sera la ville des retrouvailles, les dernières. Avec l'entourage du général Giraud et les gaullistes, l'animosité s'exaspère. On reproche au prince des airs de ne pas avoir servi « la cause » et d'avoir justifié l'armistice :

> « Mon crime est toujours le même : j'ai prouvé, aux États-Unis, qu'on pouvait être bon français, antiallemand, antinaziste *[sic]*, et ne pas plébisciter cependant le futur gouvernement de la France par le parti gaulliste. (13) »

A-t-il pressenti, de plus, qu'on se montrerait plutôt tendre envers le Parti communiste français ? Fin mai 1943, Gide et Saint-Ex ont la « grande joie » de se revoir. *Lettre à un otage*, que l'aviateur a dédiée à Léon Werth, paraît en février 1944 dans *L'Arche*, revue algéroise placée sous le patronage du cher André. Résistance ultime au nazisme, avant que l'aviateur ne réintègre une unité combattante et ne meure « pour la France », comme l'écrit Gide dans sa nécrologie du *Figaro* de février 1945. « Il faut simplement que je paie », avait dit Saint-Ex, sans esbroufe, à Consuelo.

1. Voir Antoine de Saint-Exupéry, *Du vent, du sable et des étoiles*, édition établie et présentée par Alban Cerisier, Quarto, Gallimard, 2018, p. 72. Toutes nos citations, sauf mention contraire, en proviennent.
2. *Idem*, p. 223-224.
3. *Idem*, p. 232.
4. Antoine de Saint-Exupéry à sa mère, fin 1927, *idem*, p. 252.
5. Gide à Paulhan, 8 janvier 1929, *idem*, p. 264.
6. Antoine de Saint-Exupéry, *Du vent, du sable et des étoiles*, *op. cit.*
7. André Gide, préface à *Vol de nuit*, *idem*, p. 428.
8. *Journal* de Gide, 31 mars 1931, *idem*, p. 408.
9. Antoine de Saint-Exupéry à Benjamin Crémieux, 12 septembre 1931, *idem*, p. 502.
10. *Journal* de Gide, 8 février 1932, *idem*, p. 513.
11. Antoine de Saint-Exupéry, « Crimes et châtiments devant la justice soviétique », *Paris-Soir*, 19 mai 1935, *idem*, p. 542.
12. Voir, à ce sujet, ma recension de son édition illustrée (Gallimard, 2020), https://moderne.video.blog/2020/11/16/survivre.
13. Antoine de Saint-Exupéry à Nelly de Vogüé, le 10 janvier 1944, *idem*, p. 1218.

Léon Werth, l'ami et l'inspirateur

François Gerber

À l'évidence, rien ne prédestinait Antoine de Saint-Exupéry à rencontrer Léon Werth : leur différence d'âge et leur origine sociale, leur parcours de vie, la passion de l'un pour la nature et le goût de l'autre pour les sciences et les moteurs...

Sur le plan littéraire, Léon Werth était déjà un écrivain reconnu et son témoignage sur la Première Guerre mondiale publié en 1919 sous le titre *Clavel Soldat* lui avait permis d'espérer un moment le prix Goncourt. Il poursuivait une expérience d'auteur plutôt discrète sans être impliqué dans les grands mouvements qui animaient la rive gauche à compter de 1925. Bon connaisseur du marxisme et du trotskisme, Léon Werth exprimait en outre clairement des opinions politiques de gauche après avoir été tenté par l'anarchisme.

Le seul point commun qu'il était possible de leur reconnaître est sans doute pour l'un une franche détestation et pour l'autre un certain mépris de l'armée en général et des officiers en particulier. La rencontre, en 1931, est organisée par un ami commun, persuadé que les deux tempéraments coïncideront parfaitement en dépit même de ces différences. Et d'une manière tout à fait étonnante, ce fut le cas : rapidement, une très grande amitié est née entre les deux hommes, que rien n'a jamais contrariée.

François Gerber est notamment l'auteur de *Saint-Exupéry : de la rive gauche à la guerre* (Denoël, 2000) et *Saint-Exupéry, un écrivain en guerre* (Jacob Duvernet, 2013).

La vie parisienne de Saint-Exupéry était quelque peu tourmentée et ses querelles conjugales le conduisaient régulièrement à venir rechercher la sérénité dans l'appartement de la rue d'Assas de la famille Werth : il savait qu'il pouvait y débarquer à toute heure en dépit de l'apparente sévérité de Suzanne. Les deux hommes engageaient alors des conversations sur les sujets les plus variés : politique, philosophie, histoire, sens de l'humain. Incontestablement, la sensibilité socialiste de Léon Werth a ouvert à Saint-Exupéry un certain nombre d'horizons qu'il ignorait, parce qu'ils lui semblaient trop lointains ou trop complexes. Pour entreprendre la lecture même partielle du *Capital*, il faut une certaine résolution, et il est plus facile de l'aborder lorsque l'on bénéficie du soutien amical d'un professeur complaisant.

L'œuvre personnelle de Léon Werth serait sans doute tombée dans l'oubli si les deux trajectoires ne s'étaient pas croisées et si, surtout, une éditrice parisienne, Viviane Hamy, n'avait pas pris l'initiative dans les années quatre-vingt-dix et deux mille de la publier à nouveau et de faire découvrir au public des ouvrages parfois tout simplement inédits. Parmi ceux-ci, plusieurs évoquent la guerre de 1939-1945 et les rapports particuliers entre Werth et Saint-Exupéry. C'est sur *33 jours* que nous avons choisi d'insister dans cette évocation des rapports entre les deux hommes, tant ce texte nous apparaît essentiel dans la perception de la réalité de la France en guerre par Saint-Exupéry.

Le pilote de grande reconnaissance, qui vole entre sept et huit mille mètres d'altitude, ne peut évidemment se rendre compte de la réalité des files de malheureux dont il ne distingue qu'une fourmilière grouillante encombrant les routes. Dans *Pilote de guerre*, Saint-Exupéry expliquera qu'en voyant ces longues cohortes fuir la poussée allemande, il avait l'impression que la France se vidait de son sang. Mais pour Léon Werth, qui se trouve au milieu de ces cortèges de voyageurs désespérés, la situation est tout autre, il perçoit directement les drames familiaux et humains. Il rédige très rapidement le manuscrit de cette expérience et lorsque Saint-Exupéry vient le voir dans sa retraite de Saint-Amour, en zone libre, à la fin de l'année 1940, avant son grand départ pour les États-Unis d'Amérique, il lui remet ce texte. À cette date, il ne sait pas l'usage qu'en fera son ami puisqu'il n'est pas certain qu'à cet instant le pilote écrivain ait conçu l'idée de livrer un témoignage sur la guerre. Ils ignorent tous deux qu'ils ne se reverront jamais : le manuscrit ne reviendra en France qu'après la Libération, mais, entre-temps, il aura largement inspiré Saint-Exupéry pour *Pilote de guerre*.

Le manuscrit constitue pour l'exilé en résidence à New York un témoignage direct des affres vécues par les Français emportés par l'exode et une base de réflexion pour lui permettre d'affiner sa propre analyse de la crise majeure que traverse le pays. En dépit de la différence d'âge (Léon Werth est né en 1878), les deux hommes en septembre 1939 ont les mêmes certitudes sur la supériorité militaire de la France – la nation victorieuse de 1918.

C'est pourquoi l'écroulement total de ce pays en l'espace de six semaines produit une véritable sidération. Saint-Exupéry y assiste depuis les airs et il ne comprend la problématique de la retraite qu'en raison des ordres de repli, presque quotidiens, d'aérodrome en aérodrome. Il procède ainsi à une visite d'une grande partie de la France aéronautique, depuis Orconte jusqu'à Bordeaux, puis Alger. Mais à aucun moment il n'est confronté personnellement à la complexité de l'exode qui sature les routes françaises, comme l'est Werth au volant de sa Bugatti. Une fois la surprise passée, Werth, qui se transforme en mémorialiste de l'exode, expose à son lecteur, qu'il prend à partie parfois d'une manière très directe, ses sentiments affligés concernant le sort de la France. Plus spécifiquement, c'est le sort des Français qui interpelle le romancier : il ne s'intéresse pas à la problématique politique et ne formule aucun avis au sujet par exemple de l'arrivée de Pétain à la tête du gouvernement. Au hasard des caprices de son automobile et de ses possibilités de ravitaillement en essence, Léon Werth et son épouse vont s'arrêter dans une ferme où se trouve la maison de vacances d'une femme d'industriel parisien, lieu de rencontres surprenantes. Ils observent la société française en déliquescence, tels des sociologues assistés de psychologues. S'ils apprécient la solidité morale du paysan Abel Delaveau, qui offre à la fois son espace et ses ressources alimentaires aux réfugiés, ils s'interrogent quant à l'évolution intellectuelle sinon affective de l'épouse esseulée. Ils se retrouvent dans un environnement cossu, contraints par les événements de rester plusieurs jours dans cette maison où ils croisent également le couple Aufresne, des salariés de l'usine Soutreux et la famille de Madame Lerouchon, qui vit en roulotte et a obtenu l'autorisation de séjourner dans la cour de la propriété. Tout d'abord aimable et reconnaissant à l'égard de son hôtesse et de la dame Lerouchon, qui partage ses maigres nourritures, l'auteur de *Clavel soldat* devient peu à peu critique, puis franchement corrosif à propos de leur comportement. Profitant de ce qu'elles maîtrisent la langue allemande, les deux femmes ont le contact facile avec les troupes d'occupation qui passent et repassent sur la route située à proximité pour obtenir de l'eau ou des renseignements. Au fur et à mesure que la défaite se précise, Werth constate qu'elles se font plus aimables… avec les membres de la Wehrmacht. Il en vient à détester leur attitude. Et pour marquer sa réprobation, il dégrade en quelque sorte leur image dans le récit en affublant leur patronyme de l'article « la » lorsqu'il les désigne. Elles deviennent respectivement *la* Soutreux et *la* Lerouchon à compter de la page 63 (1), et il finit par s'exclamer : « Je crois en vérité que la Soutreux aimait l'Allemagne d'une passion exhibitionniste. »

Grand observateur de la déroute des voitures, chats, chiens, chevaux et sentiments humains, Werth examine le comportement des soldats allemands avec une attention qu'il souhaiterait teinter d'une xénophobie au moins antimilitariste. Mais à la vue de ce qu'il constate, il n'y parvient pas. Certes, dans la région où il s'est arrêté, on rapporte qu'un groupe de soldats français et quelques civils auraient été fusillés par les vainqueurs en raison d'actes de résistance. Mais mis à part ce fait noté, réprouvé mais non constaté de visu, Werth est contraint d'admettre que l'armée allemande se comporte de façon modérée – sinon protectrice – avec les gens qu'elle rencontre. Sans doute s'agit-il d'un ordre venu du commandement général, et, d'ailleurs, n'a-t-il pas placé en exergue de son livre la formule suivante : « C'était le temps où ils étaient “corrects”, qui précède le temps où ils nous donnèrent des “leçons de politesse”. » ?

L'inspiration directe de Saint-Exupéry

Celui-ci s'achève trois jours après le vote des pleins pouvoirs par l'Assemblée nationale au maréchal Pétain et la disparition institutionnelle de la République, dont le nom même est immédiatement rayé des actes et de tout document administratif pour être remplacé par la formule « État français ». Ce témoignage est intéressant. Il atteste de l'inspiration directe de Saint-Exupéry qui en tire à son bénéfice certaines scènes prégnantes qu'il ne pouvait observer depuis son cockpit. Non seulement *Pilote de guerre* ne fait pas référence au manuscrit de *33 jours*, mais il se trouve en opposition avec des constats objectifs réalisés par l'auteur de *Clavel Soldat*. En effet, en ces mois de juin et juillet 1940, Werth ne se sent ni lésé ni trahi par la République. Il se réfère à plusieurs reprises à la Constitution de 1875 qui lui semble être le rempart ultime de la citoyenneté issue des Lumières. À aucun moment il n'envisage que spontanément, en profitant du bouleversement imposé par la défaite, ou sous les fourches caudines de l'administration nazie, des bouleversements essentiels soient pratiqués dans l'organisation juridique française. Saint-Exupéry ne se borne pas à alerter les Français par l'allusion à la conduite de gens tels que la Soutreux ou la Lerouchon. Il ne se gausse pas de leur versatilité, de leur tendance naturelle à la soumission à la force, sans la moindre considération pour les valeurs de la République et les années d'histoire qui ont formé la nation française. Il est déjà passé à l'étape suivante, celle de la synthèse des comportements qui expriment l'esprit de la « communauté » ou celui de la « collectivité » et assurent ou non le « respect de l'homme ».

La relation amicale entre Werth et Saint-Exupéry s'impose aujourd'hui comme un pilier essentiel non pas de l'œuvre du pilote écrivain en tant que telle, mais de sa posture humaniste, qui prend une valeur politique dans le contexte de la guerre, de l'antisémitisme violent de l'extrême droite et du climat de la collaboration. Léon Werth est le personnage récurrent des trois derniers livres de Saint-Exupéry, ceux qui fondent sa réputation et la rendent durable. Certes, il n'apparaît jamais au premier plan : il reste en filigrane. Dans *Pilote de guerre*, il est avec Israël l'un des deux personnages juifs du livre, dont la seule présence dans ces temps d'antisémitisme apparaît comme une provocation et génère l'interdiction. Dans *Lettre à un otage*, il est l'otage lui-même, et cette fois-ci sa silhouette se dresse hors des pages : il personnifie les juifs poursuivis par la vindicte allemande et celle de l'État français. L'une des scènes principales de ce petit livre, qui devait être initialement la préface de *33 jours,* est celle du déjeuner avec les mariés, qu'il a tirée d'un moment de fraternité réellement vécu par les deux hommes lorsqu'ils se retrouvent à la fin de l'année 1940. Et après la description de ce repas amical, Werth est véritablement présent dans toutes les lignes du texte, qui ne s'adresse plus au lecteur mais qui s'adresse à lui.

Il s'agit du témoignage de cette profonde amitié. Le sort de l'otage contraint Saint-Exupéry : pour le préserver, il poursuit la lutte armée, mais pour éviter de le discréditer, alors qu'il vit replié dans ce petit village de la zone libre, il refuse de le distinguer des quarante millions de Français qui vivent le même sort. Il refuse que, d'un côté, il y ait en quelque sorte les héros gaullistes des Forces aériennes françaises libres – auxquelles Saint-Exupéry n'a pas adhéré – et, de l'autre, un peuple de vaincus découragés ou couards.

Enfin, Léon Werth est encore le personnage essentiel de son dernier livre. Il nous sera rétorqué que l'analyse est absurde puisqu'en fait ce personnage, c'est le petit prince lui-même, et pourquoi pas Saint-Exupéry ? Mais c'est faire alors peu de cas de la dédicace (2) : l'auteur y évoque l'enfant pour lequel le conte serait écrit – en fait, il s'adresse à l'homme –, et il note que le vieillard de Saint-Amour mérite à la fois son attention et sa considération en sa qualité d'otage. Il mérite en fait le sacrifice de sa vie.

1. Léon Werth, *33 jours*, Viviane Hamy, 1992, p. 63.
2. « À Léon Werth. Je demande pardon aux enfants d'avoir dédié ce livre à une grande personne. J'ai une excuse sérieuse : cette grande personne est le meilleur ami que j'aie au monde. J'ai une autre excuse : cette grande personne peut tout comprendre, même les livres pour enfants. J'ai une troisième excuse : cette grande personne habite la France où elle a faim et froid. Elle a bien besoin d'être consolée. Si toutes ces excuses ne suffisent pas, je veux bien dédier ce livre à l'enfant qu'a été autrefois cette grande personne. Toutes les grandes personnes ont d'abord été des enfants. (Mais peu d'entre elles s'en souviennent.) Je corrige donc ma dédicace : À Léon Werth, quand il était petit garçon. »

Le Petit Prince au grand bal des collectionneurs

Benoît Forgeot

À la question : « Quel est le plus grand dessinateur français du XIXe siècle ? », André Gide aurait pu répondre : « Victor Hugo, hélas… » Dans la galaxie des écrivains dessinateurs – hors Victor Hugo, donc, qui les surclasse tous, ou Paul Valéry, aquarelliste et graveur distingué, parmi une poignée d'autres (1) –, les plus convoités doivent cependant davantage à leur renommée littéraire qu'au talent de leur trait une place en vue. Ainsi, les pochades de Marcel Proust – à l'exemple des caricatures assez cocasses adressées à Reynaldo Hahn –, pour charmantes qu'elles soient, seraient ignorées si elles n'avaient été dessinées par l'auteur d'*À la recherche du temps perdu.* Ce n'est pas faire injure aux proustiens que de relever pareil paradoxe ; cela souligne au contraire l'indépendance de leur goût face aux oukases des amateurs de dessins, désespérément classiques.

Libraire à Paris, **Benoît Forgeot** est expert en manuscrits et livres anciens.

Et, au risque de s'attirer les foudres des thuriféraires d'Antoine de Saint-Exupéry – une chapelle voisine de la précédente, presque cousine, mais fréquentée par des fidèles bien différents –, nous placerions volontiers les dessins de l'aviateur-écrivain dans la même catégorie que ceux de Marcel Proust : celle de crobards promus fétiches par onction littéraire – une manière de transsubstantiation qui dévoile aux yeux des croyants la présence réelle du génie. Car, enfin, ces centaines de petits princes et d'autoportraits en enfant à nœud papillon, dont Saint-Exupéry a inondé manuscrits et correspondance, ne s'imposent guère par leur brio artistique et finiraient par lasser à force de répétition. Ils sont certes aimables, drôles parfois, mais ils ne sont pas beaucoup plus.

On nous rétorquera que *Le Petit Prince*, plus grand succès romanesque planétaire, a été illustré par l'auteur lui-même et que les aquarelles qu'il renferme sont associées à sa renommée spectaculaire. Peu importe donc le jugement artistique nuancé sinon modéré que l'on peut porter sur cette illustration iconique ; elle a rempli son rôle au-delà des espérances de ses promoteurs.

Au fond, l'explication s'en trouve peut-être dans l'ouvrage lui-même, au détour de son passage le plus célèbre, quand le renard dévoile son secret au héros : « On ne voit bien qu'avec le cœur, l'essentiel est invisible pour les yeux » – une manière de discours de la cécité involontaire. Dès lors, il convient de contempler ces images avec le cœur.

La célébrité de l'œuvre de Saint-Exupéry, rapidement conquise après sa mort, fut longtemps ambiguë, rencontrant l'indifférence de l'université, voire le dédain de la critique, tandis que son auteur allait caracoler en tête dans la Bibliothèque de la Pléiade. Sur le marché de la bibliophilie, le collectionneur, individualiste par nature, entend déambuler selon ses inclinations, en dehors des sentiers battus. La métaphore de l'aviateur en panne dans le désert est bien faite pour le séduire : « Ce qui embellit le désert, c'est qu'il cache un puits quelque part. (2) »

Antoine de Saint-Exupéry a échappé de peu à la malédiction des écrivains dont le succès foudroyant d'un seul livre a cannibalisé l'ensemble de l'œuvre, et, même si son conte pour enfants est assurément le plus recherché de ses ouvrages, *Le Petit Prince* n'aura pas été pour lui ce que *Bonjour tristesse* a été pour Françoise Sagan, *Au bon beurre* pour Jean Dutourd ou, dans une certaine mesure, *Lolita* pour Vladimir Nabokov. Ses livres suscitent en général la convoitise : les tirages sur grand papier ou les exemplaires dotés d'envois significatifs, souvent revêtus de reliures de maître, sont du nombre des invités au grand bal de la collection de livres : pour recherchés qu'ils sont, ils ne déchaînent cependant pas de passions déraisonnables, contrairement à Romain Gary ou Michel Houellebecq, aujourd'hui deux des têtes de gondole parmi les écrivains des XXe et XXIe siècles (phénomène hautement spéculatif destiné, comme tout engouement de cette nature, à s'émousser). Ils ne rivalisent pas non plus avec la cote continûment soutenue d'un Proust qui paraît, lui, imperméable aux fluctuations de la mode. Ni négligées ni surévaluées donc, les éditions originales d'Antoine de Saint-Exupéry illustrent par ailleurs le paradoxe des écrivains populaires dont la cote bibliophilique ne rejoint qu'en partie l'engouement du public, à la manière d'un Marcel Aymé, dont *Les Contes du chat perché*, *Uranus* ou la *Traversée de Paris*, en dépit d'un nombre de lecteurs très enviable, ne suscitent guère de batailles acharnées quant aux exemplaires de choix des éditions originales.

Si *Le Petit Prince* trouve place dans l'écurie des pur-sang de la bibliophilie, cela s'explique aussi en raison de son histoire éditoriale singulière.

Ce fut à l'origine une commande de Curtice Hitchcock, l'éditeur new-yorkais de l'auteur, qui, en 1942, suggéra à ce dernier l'écriture d'un livre destiné aux enfants dont le héros serait le petit personnage hirsute qu'il dessinait sans cesse. Composé à partir de l'été 1942, *Le Petit Prince* fut sans doute remis à l'éditeur au retour des Saint-Exupéry de Long Island vers la fin du mois d'octobre : il ne devait paraître que cinq mois plus tard, le 6 avril 1943. Entre-temps, Saint-Exupéry avait publié un appel à la réconciliation des Français dans le *New York Times*, s'exprimant à la radio en ce sens ; appel qui n'eut aucun succès et lui valut de solides inimitiés, pour ne pas avoir rejoint la France libre. Au reçu de son ordre de mission en mars, l'écrivain, impatient de rejoindre l'Afrique du Nord pour se battre, quitte New York le 2 avril 1943, quatre jours à peine avant que les éditions en français et en anglais du *Petit Prince* aient été achevées d'imprimer (3). Les exemplaires enrichis de dédicaces de sa main – ce qu'en jargon de bibliophile on nomme un envoi – sont ainsi de toute rareté : en effet, Saint-Exupéry parti, cela suppose qu'un lecteur ait pu acquérir un exemplaire à New York ou qu'on lui en ait expédié un, que ce lecteur soit un proche de l'auteur, qu'il ait enfin pu le joindre ou le rencontrer, le tout en pleine guerre…

On ne connaît que trois exemplaires de la version française du *Petit Prince* dotés de l'envoi mirifique : celui dédicacé à l'amie intime Nelly de Vogüé, présente à Alger d'août à novembre 1943 (« Pour Nelly, qui sait bien que je n'ai jamais écrit d'histoire plus vraie, et que cette planète, ici, ne me va guère… si tendrement, Antoine ») ; le deuxième, destiné aux enfants de Marcel Sturm, chef de l'aumônerie protestante des armées en Afrique du Nord (« Pour Malou et Jean-Michel Sturm, avec toute l'amitié d'Antoine de Saint-Exupéry ») ; et, enfin, l'exemplaire offert à Max Chassin, dit Doudou, le fils du futur colonel Chassin, qui avait formé Saint-Exupéry en 1929 à Brest et que celui-ci avait retrouvé en Afrique du Nord dans les années quarante (« Pour Doudou Chassin *[à gauche : dessin du petit prince en pied]* (ça c'est le portrait de l'auteur du livre peint par lui-même). Parce que son père est de nos plus vieux et plus chers amis et que j'ai le droit, en lui (Doudou) faisant lire cette histoire vraie, de participer un peu à son éducation, comme un oncle. L'oncle Antoine. *[En dessous, caricature d'une tête mal rasée avec cette légende :]* Ça c'est le portrait de l'auteur les jours où il joue à être l'oncle ».) Ce dernier volume est enrichi d'une grande aquarelle originale représentant le petit prince assis sur une planète, avec un envoi à « Piou Chassin », c'est-à-dire Pierre, l'autre fils du colonel Chassin.

Des envois reproduits ci-dessus, celui adressé à Nelly de Vogüé a valeur d'aveu et de symbole : en reconnaissant qu'il n'a « jamais écrit d'histoire plus vraie », Antoine de Saint-Exupéry accorde une dimension philosophique à ce qui, dès lors, ne peut plus être vu comme un simple conte pour enfants – offrant sans doute là une autre des clés de sa postérité inouïe.

Chasse aux trésors

À défaut de dénicher un de ces trois exemplaires de rêve – ou un de la version anglaise également avec envoi (on en connaît au moins un) –, l'amateur peut se rabattre sur l'un de ceux du tirage signé par l'auteur : 260 pour l'édition française et 325 pour l'édition anglaise – tirages malthusiens propres à raffermir le désir ; il n'existe en effet rien de tel qu'une organisation maîtrisée de la rareté… Ces exemplaires, signés par un auteur qui n'était pas physiquement présent au moment de la publication, ont parfois induit en erreur collectionneurs et marchands : la signature est bien autographe, c'est-à-dire de la main de Saint-Exupéry ; elle figure bien sur un feuillet de justification numéroté à l'encre bleue par les éditeurs, mais ces feuillets ont été imprimés et signés par l'auteur avant que les éditions aient été achevées d'imprimer. Ils ont ensuite été insérés dans chaque volume au moment de la reliure et sont d'ailleurs légèrement plus courts. Ce discret décalage en pied serait d'ordinaire, pour tout autre livre, une inquiétude, voire l'aveu de ce que les libraires appellent avec dédain un « bricolage » ; pour *Le Petit Prince*, c'est la norme. Ces exemplaires des tirages de tête, s'ils sont complets des sacro-saintes jaquettes illustrées, pour autant que ces dernières soient en bon état de conservation et exhibent, au dos, le même numéro porté à l'encre qui se trouve à la justification, s'échangent autour de 30 000 euros.

L'amateur de manuscrits ne saurait espérer mettre la main sur l'autographe : offert par l'auteur à son intime Silvia Hamilton, il est désormais conservé à la Morgan Library (New York), où il figure parmi les trésors du musée. En 2022, quelques feuillets ont, pour la première fois, traversé l'Atlantique en vue d'être exposés au musée des Arts décoratifs. (Faute de manuscrit original, l'amateur se contentera de son fac-similé édité en 2013, accompagné de sa transcription et des illustrations.)

Du tapuscrit (c'est-à-dire la dactylographie, comprenant à la fois la frappe directe et les doubles carbone), on connaît trois exemplaires, dont deux sont fixés dans des collections publiques – l'exemplaire offert à New York à la pianiste et cheffe d'orchestre Nadia Boulanger, qui souhaitait adapter le conte en musique (désormais au département des manuscrits de la Bibliothèque nationale de France) ; un autre offert au traducteur américain de Saint-Exupéry, Lewis Galantière (conservé au Harry Ransom Center de l'université du Texas à Austin) –, et un troisième (en mains privées), portant d'importantes corrections de la main de l'auteur. Quant aux épreuves d'imprimerie, corrigées par l'auteur avec trois esquisses au crayon, elles furent offertes par Saint-Exupéry à une actrice dont il avait fait la connaissance en 1935, Annabella, épouse de Tyrone Power : ce précieux document est conservé dans une collection particulière suisse.

Les occasions pour l'amateur désireux de posséder une trace autographe de la genèse du *Petit Prince* ne sont donc pas légion.

Quant aux dessins, foin des taquineries précédentes ; ils font les délices des amateurs, car ils possèdent une valeur symbolique qui dépasse toute considération artistique. Les plus convoités sont, bien entendu, les dessins préparatoires du *Petit Prince*. Il s'en dégage un charme naïf, une douceur presque enfantine qui séduit aussitôt. Il existe bien d'autres dessins, notamment des séries caricaturales parfois brutales. Ainsi, « la réunion d'un premier recueil de *Dessins* d'Antoine de Saint-Exupéry en 2006 (Gallimard) a révélé plusieurs lignes d'inspiration graphique chez l'auteur *[...]*, en particulier un goût pour l'étrange, l'androgynie et la caricature – quasi absent de son art littéraire » (4). Dans ces caricatures, Saint-Exupéry s'efforce de se faire artiste et la multiplication des crayons de couleur est censée pallier l'incertitude du trait. C'est donc autour de la figure du petit prince que le marché des dessins de l'aviateur-écrivain est vivace. Ainsi, une aquarelle présentée comme originale du conte, c'est-à-dire qui aurait directement servi à l'illustration du livre, et non une esquisse préparatoire, a été vendue plus de 300 000 livres il y a un an chez Christie's à Londres, soit l'équivalent de 350 000 euros environ. Prix très soutenu (qu'on jugera peut-être excessif), à nuancer avec ceux des belles esquisses pour *Le Petit Prince* qui, dans la même vente, ont été vendues 18 900 et 27 700 livres. Prix toujours soutenus et qui contrastent avec ceux, plus abordables, des dessins plus communs, comme ces autoportraits au nœud papillon d'un Saint-Exupéry debout sur un nuage avec, en dessous, la terre vue en perspective cavalière.

Pour l'amateur : que privilégier ? L'esquisse inaugurale ou la composition aboutie telle que reproduite dans l'édition originale ? Question éternelle sujette à controverses à laquelle il n'existe qu'une réponse, celle du cœur : il faut collectionner ce que l'on aime et non une valeur financière.

Et, bonne nouvelle pour les amateurs, à la lecture du remarquable catalogue *À la rencontre du petit prince* du musée des Arts décoratifs, on reste frappé du nombre de pièces appartenant à des collections privées ; il existera donc, dans le futur, bien des tentations pour tout amoureux du *Petit Prince* et de son aviateur de père.

1. On pourrait encore évoquer les dessins de Paul Verlaine, qui eut, presque de son vivant – l'ouvrage est paru le 4 mars 1896, deux mois à peine après la disparition du poète –, les honneurs d'une publication sobrement intitulée : *Verlaine dessinateur*. Rédigé par son vieux complice le peintre Félix Régamey, le volume propose une série remarquable de dessins, volontiers caricaturaux, restituant le cercle littéraire et artistique des amis de Verlaine et de Rimbaud. « Il y eut en Verlaine, au début de sa carrière, écrit Régamey, un grand dessinateur, généralement ignoré, s'ignorant lui-même. Quiconque sait lire dans les images est frappé de la puissance d'expression exceptionnelle qui s'affirmait alors dans ses moindres croquis. Les quelques planches qui figurent dans ce recueil suffiront à le prouver. De science, aucune ; nulles fioritures ; rien d'inutile. Chaque coup porte, comme chez les maîtres japonais, où tout est accent, jusque dans le plus petit trait, et concourt à l'effet d'ensemble. Chez Verlaine, l'artiste ne doit rien à l'étude. Son dessin candide n'est autre chose que l'émanation directe de la pensée, servie par une vision intense et le plus souvent sarcastique du monde des formes. Et la main, qui n'a subi aucun exercice de dressage, domptée par le cerveau, se fait docile, et s'élève bien au-dessus des sempiternelles et fades redites calligraphiques des professionnels du chic. »

2. Antoine de Saint-Exupéry, *Le Petit Prince*, chapitre XXIV.

3. Les éditeurs des *Œuvres complètes* de la Pléiade, qui dataient par erreur le départ de New York du 13 avril, avancent qu'Antoine de Saint-Exupéry « emporte avec lui l'exemplaire personnel que Curtice Hitchcock a fait tirer à son intention. Cet exemplaire va l'accompagner dans ses derniers mois de campagne. C'est le seul qu'il ait jamais connu » (Antoine de Saint-Exupéry, *Œuvres complètes*, tome II, Gallimard, coll. « Bibliothèque de la Pléiade », 1999, p. 1345). Il est avéré que l'écrivain a quitté New York à bord du *Stirling Castle* ; or le bateau, réquisitionné pour le transport de troupes militaires, a appareillé le 2 avril, donc avant que le volume ait été achevé d'imprimer. Chronologie confirmée en épilogue du dernier livre de Jean-Claude Perrier, *Saint-Exupéry, un* Petit Prince *en exil*, Plon, 2024, p. 149.

4. *À la rencontre du petit prince*, édition limitée, publiée sous la direction d'Alban Cerisier et Anne Monier Vanryb, Gallimard/Musée des Arts décoratifs, 2022, p. 158.

Ma grand-mère, Molière et le rire de Saint-Exupéry

Stéphane Barsacq

Je me souviens encore du jour où ma grand-mère, comme j'avais dû lui dire qu'à l'école j'avais à lire Saint-Exupéry, me déclara : « Saint-Exupéry ? Mais je l'ai connu ! » Et de me raconter une histoire, relativement ignorée, mais que, quelques décennies plus tard, j'ai gardée en mémoire. Ce texte m'a toutefois permis d'éclaircir mes souvenirs. Ma grand-mère était au bar du Barbizon Plaza à New York. Elle discutait avec le comédien Jean Dasté. Quand un inconnu s'est présenté à elle et l'a apostrophée : « Veuillez m'excuser, madame. J'entends que vous parlez français. Me permettez-vous de me joindre à la conversation ? Il y a si longtemps que je n'ai pas parlé notre langue ! » L'inconnu était l'auteur de deux livres, *Vol de nuit* et *Courrier Sud*. On était le 12 janvier 1938. Cette rencontre devait décider d'expériences inoubliables pour tous les protagonistes. Mais que faisaient donc ces Français dans cet hôtel ?

Stéphane Barsacq est écrivain, éditeur et journaliste. Dernier ouvrage publié : *Dominique*, suivi de *Épectases de Sollers* (Éditions Le Clos Jouve, 2024).
stephane.barsacq@free.fr

Comme il est dit dans la chronologie de la Bibliothèque de la Pléiade pour l'année 1938, « laissant derrière lui les difficultés de sa vie privée », Saint-Exupéry s'était embarqué pour New York, « son premier contact avec les États-Unis » (1). Une photo le montre à sa descente du paquebot *Île-de-France*. Ce premier contact fut hélas mélodramatique. Qu'on songe en comparaison aux descriptions électriques de New York par Céline ou Morand !

> « J'ai débarqué ce soir. J'habite au vingt-cinquième étage d'un hôtel en pierre, et j'écoute à travers ma fenêtre la voix d'une ville nouvelle. Et cette voix me semble déchirante. Les rafales de vent y font le même bruit que dans les cordages. Il y a là, en dehors, de grands mouvements invisibles. Et des cris. Et des plaintes. Et des bruits de marteaux et d'enclume. Et je ne sais d'où montent ces courtes sirènes qui expriment si bien le danger. Ce tumulte de pleine mer. Ce remue-ménage de navire un peu en perdition. Je n'ai jamais senti ça si fort, cet entassement d'hommes dans leurs pyramides de pierre, et qui font tous ces bruits de départ, de charroi, de naufrage, et qui s'agitent entre leur planète et les étoiles, sans rien comprendre de leur voyage et sans capitaine. C'est curieux, mais je n'ai rien senti ici de matériel. Encore rien senti, au contraire. Toute cette foule, toutes ces lumières, et ces flèches des buildings, il me semble que ça pose d'abord, et d'une façon écrasante, le problème de la destinée. Sans doute est-ce idiot, mais je me sens ici, plus que partout ailleurs, en haute mer. (2) »

Ma grand-mère a décrit Saint-Exupéry, quelque peu perdu, au lendemain de son arrivée dans cette ville où il écrirait ses chefs-d'œuvre, *Terre des hommes*, puis, au plus fort de la Seconde Guerre mondiale, *Le Petit Prince* : « C'était un homme jeune, pas très grand, avec un beau visage intelligent au front légèrement dégarni. Il m'a dit être pilote et ne connaître personne. (3) »

De fait, Saint-Exupéry avait bel et bien une chambre au vingt-cinquième étage du Barbizon Plaza. Il projetait de voir l'éditeur Curtice Hitchcock et son associé Eugene Reynal. Mais surtout, il nourrissait un projet extraordinaire : relier New York à la Terre de Feu à bord de son avion Simoun qui, démonté dans la soute, avait fait le voyage avec André Prévot et lui-même. Évidemment, je n'ai pas manqué de me demander si Saint-Exupéry n'avait pas voulu courtiser ma grand-mère, de quelques années plus jeune que lui. Mais non. Elle venait d'accoucher à New York, trois semaines plus tôt, de ma tante, baptisée Élisabeth, en hommage au personnage d'Alfred de Musset dans *Fantasio*, dont le rôle était joué par Svetlana Pitoëff, sa marraine.

Saint-Exupéry expliqua sa situation : il devait attendre que son Simoun, arrivé en pièces détachées, soit prêt à voler, ce qui nécessiterait de la patience. À son tour, ma grand-mère dévoila pourquoi elle était assise dans ce bar d'hôtel avec Jean Dasté. Elle aussi vivait au Barbizon Plaza, non seulement avec sa fille et son mari, mais aussi une troupe de théâtre ! Son mari avait pour nom André Barsacq, une des jeunes étoiles de la nouvelle scène parisienne. C'est alors que Saint-Exupéry se souvint l'avoir rencontré quelques mois auparavant. Le réalisateur Pierre Billon avait adapté *Courrier Sud* et confié les décors à mon grand-père, alors âgé de 27 ans. Saint-Exupéry les avait rejoints au Maroc en septembre 1936. Il effectua lui-même les cascades pour le film. Celui-ci sortit en mars 1937. Il fut couronné de succès.

Ainsi donc il y avait une troupe théâtrale dans l'hôtel ? Mais qu'était-ce à dire ? De fait, depuis quelques mois, André Barsacq et sa troupe, Les Quatre Saisons, avaient jeté l'ancre à New York. Le premier contrat stipulait qu'ils resteraient au French Theater de la ville d'octobre 1937 à février 1938, au coin de la 58e Rue et de la 6e Avenue. C'était l'idée de leur mécène, miss Robinson-Smith, qui avait vu la troupe dans *Le Roi-Cerf*, de Carlo Gozzi, à Paris. Une représentation qui orienterait durablement la carrière du dramaturge Jean Anouilh, qui décida de confier à André Barsacq, avant *Antigone*, sa première pièce rose, *Le Bal des voleurs*. La troupe des Quatre Saisons était constituée de quatre membres, André Barsacq, le disciple de Charles Dullin et de Jacques Copeau, Jean Dasté, le gendre de Jacques Copeau, l'acteur Jean Vigo, et Maurice Jacquemont, le futur metteur en scène d'Eugène Ionesco.

En un temps où il n'y avait pas de sous-titrage, nul doute que donner des pièces en français en Amérique relevait du défi. Mais les trois amis avaient en tête l'exemple du premier voyage de ce genre, à savoir celui que fit, vingt ans plus tôt, en 1917, Jacques Copeau, le cofondateur de *La NRF*, le grand réformateur du théâtre français, parti à la demande de Georges Clemenceau promouvoir la culture française aux États-Unis en compagnie de ses comédiens fétiches, Louis Jouvet et Valentine Tessier, elle-même accompagnée de l'amant de toute une vie, Gaston Gallimard. Ainsi, l'histoire recommençait-elle dans la fidélité et la filiation de Jacques Copeau, qui bénit la troupe : « Je n'ai pas besoin d'ajouter en quelle estime et affection je vous tiens, puisque plusieurs d'entre vous ont débuté à mes côtés et pourraient être mes enfants. Je vous souhaite bonne chance. Vous la méritez par votre sincérité, votre ardeur et votre talent. (4) »

Encouragée par Léon Blum et Léo Lagrange, la troupe reçut d'ailleurs, à la veille du départ, des appuis de tous les horizons. Par exemple, de Louis Jouvet, dans le grand style : « Mon cher Barsacq, vous êtes parmi ceux qui honorent notre profession, de ceux que j'estime et dont je souhaite de grand cœur le succès. (5) » À noter que cette lettre fut suivie d'une autre, signée de sa secrétaire, Marthe Herlin, plus prosaïque : « Vous savez sans doute que nous allons faire à l'Athénée une reprise de *Knock*. Il paraît que vous-même allez monter la pièce en Amérique. Or M. Jouvet a l'intention de faire une présentation renouvelée de la pièce, en tout cas de rafraîchir les décors et de refaire complètement les costumes. Il envisage volontiers la possibilité de profiter de votre travail. Pouvez-vous passer le voir ? (6) » On trouve encore des messages de Charles Dullin ou François Mauriac (7). Le message le plus amusant fut celui d'Anouilh :

> « Mon cher Barsacq,
> Vous vous embarquez demain pour New York. Vos passeports sont en règle, vous devez avoir dans vos poches la bénédiction des deux jeunes ministres qui vous ont aidé à monter votre premier spectacle, mais je doute que la police américaine vous laisse débarquer, bien que vous ayez l'air du jeune homme le plus doux et le plus timide du monde. Je suis sûr qu'on a déjà dû câbler là-bas "Troupe théâtre Quatre-Saisons" emporte bombe dans ses bagages. Stop. Surveillez spécialement jeune homme à lunettes d'écaille en apparence inoffensif. Stop. Est capable en fabriquer d'autres sur territoire. (8) »

Au programme pour la troupe : présenter un nouveau spectacle… toutes les deux semaines. Le programme était constitué des pièces suivantes : *La Farce des bossus* de Tabarin, *Le Médecin malgré lui* de Molière, *Le Roi-Cerf* de Carlo Gozzi, *Fantasio* et *Un caprice* d'Alfred de Musset, *Le Voyage de M. Perrichon* d'Eugène Labiche, *Knock* de Jules Romains et *Jean de la lune* de Marcel Achard. Mais pourquoi ces pièces ? Pourquoi les encouragements du gouvernement du Front populaire ? C'est que la troupe des Quatre Saisons, après avoir répété avenue de Clichy dans un local mis à sa disposition par les Chemins de fer de l'État, avait débuté devant des auditoires d'ouvriers, de cheminots, de marins et d'étudiants dans un théâtre de toile démontable et motorisé dit « Théâtre volant » à Nancy, Honfleur, Compiègne ou Rambouillet, dans les banlieues, les villages et les clairières. Point d'orgue de ces représentations : un soir de 14 juillet 1937, elle avait dressé son tréteau sur le Pont-Neuf, retrouvant la tradition de Tabarin et Scaramouche, et offert aux badauds parisiens la farce du *Médecin volant* de Molière. Pendant déjà plus d'un an, André Barsacq avait donc eu l'occasion de mettre en pratique sa conception d'un théâtre populaire et décentralisé – une conception qui découlait de celle de Copeau (9).

Convaincu par ma grand-mère, Saint-Exupéry décida de se rendre au French Theater voir la troupe, qui jouait un Molière, *Le Médecin malgré lui*. Dépressif à cause de sa relation avec son épouse Consuelo, anxieux à l'idée de réussir son raid, en proie au spleen de l'attente, Saint-Exupéry fut « enthousiaste » (10) ! De tous les spectateurs présents ce soir-là, en majorité des étudiants américains, il fut celui qui rit le plus. Magie du théâtre qu'il annule le monde pour rendre le monde présent, dans la lumière qu'il recrée ! Or quoi de plus éloigné, pourrait-on croire, de Saint-Exupéry que le rire ? N'était-il pas un homme d'action, un moraliste, un prophète, même ? « Une âme généreuse » (11), mais plus encore le D'Annunzio français, épris de hauteur, au sens propre comme au sens figuré, un aviateur qui ne tutoyait que les anges.

Le rire de Saint-Exupéry fut tel qu'il revint tous les soirs. Il tint à se faire admettre comme un ami par tous les membres de la troupe. Le futur créateur du réseau Marcel, Moussa Abadi, l'un des acteurs, en a témoigné, en rapportant ce dialogue qu'il eut un soir à Broadway :

> « Vous avez dit que vous vouliez battre encore un record. Pourquoi cherche-t-on toujours à battre des records quand on en a déjà tant battus ?
> – Sans doute pour essayer de me surpasser, d'aller jusqu'au bout de moi, répondit Saint-Exupéry.
> – Comment faut-il s'y prendre pour aller jusqu'au bout de soi ?
> – C'est très simple. Il faut toujours essayer de passer par les nuages. (12) »

Jean Dasté a raconté, pour sa part, avoir monté *Le Baladin du monde occidental,* de John Millington Synge, car Saint-Exupéry lui en avait fait l'éloge – un titre qui vaut aussi bien pour l'écrivain français (13).

Mais au-delà de ces liens – jusqu'au jour où la troupe accompagna Saint-Exupéry pour son départ vers la Terre de Feu, qui échoua tragiquement avec le crash de l'appareil –, que retenir de ce rire de l'écrivain pour lequel la littérature était un instrument de civilisation ? Le fait est que le rire est un signe rare, mais toujours électif, dans les textes qui ont suivi le rapatriement de Saint-Exupéry à New York au printemps 1938. N'est-ce pas dans *Terre des hommes* qu'on peut lire : « Enfin Bury releva la tête, parut m'entendre, se souvenir, et partit brusquement dans un rire clair. Et ce rire m'émerveilla, car Bury riait peu, ce rire bref qui illuminait sa fatigue » (14) ? Et encore dans ce texte, qui s'ouvre par un hommage à Mermoz :

> « Peu à peu nous découvrons que le rire clair de celui-là nous ne l'entendrons plus jamais, nous découvrons que ce jardin-là nous est interdit pour toujours. Alors commence notre deuil véritable qui n'est point déchirant mais un peu amer. (15) »

Le rire retrouvé chez Molière ne cesse de rebondir de loin en loin chez Saint-Exupéry. Ce rire dont la troupe d'André Barsacq avait expérimenté, comme l'a écrit Anouilh, son origine dans « l'esprit d'enfance » (16), Saint-Exupéry en fera une dernière fois l'expérience née de la même source – même si le fond découvre des pleurs – en écrivant *Le Petit Prince* :

> « Quand tu regarderas le ciel, la nuit, puisque j'habiterai dans l'une d'elles, puisque je rirai dans l'une d'elles, alors ce sera pour toi comme si riaient toutes les étoiles. Tu auras, toi, des étoiles qui savent rire !
> Et il rit encore.
> – Et quand tu seras consolé (on se console toujours) tu seras content de m'avoir connu. Tu seras toujours mon ami. Tu auras envie de rire avec moi. »

Alors, le rire ou les larmes ? Mais le rire, bien sûr !

> « La preuve que le petit prince a existé c'est qu'il était ravissant, qu'il riait… (17) »

1. Antoine de Saint-Exupéry, *Le Petit Prince* in *Œuvres complètes*, tome I, sous la direction de Michel Autrand et Michel Quesnel, Gallimard, coll. « Bibliothèque de la Pléiade », 1994, p. XC.
2. Antoine de Saint-Exupéry, *Lettre à Pierre Chevrier* in *Œuvres complètes*, tome II, sous la direction de Michel Autrand et Michel Quesnel, Gallimard, coll. « Bibliothèque de la Pléiade », 1999, p. 932.
3. Voir également le livre de Jean-Louis Barsacq, *Place Dancourt. La vie, l'œuvre et l'atelier d'André Barsacq*, Gallimard, 2005.
4. *Idem*, p. 114.
5. *Idem*.
6. *Idem*.
7. *Idem*.
8. *Idem*, p. 113.
9. Voir André Barsacq, *Cinquante ans de théâtre*, Bibliothèque nationale de France, 1978.
10. Antoine de Saint-Exupéry, *Le Petit Prince, op. cit.*
11. Roger Nimier, *L'Élève d'Aristote*, Gallimard, 1981, p. 220.
12. Voir Fred Coleman, *Le Réseau Marcel. L'histoire d'un couple français qui sauva 527 enfants juifs de l'Holocauste*, Acropole, 2015, chapitre XXI.
13. Jean Dasté, *Qui êtes-vous ?*, La Manufacture, 1987, p. 18.
14. Antoine de Saint-Exupéry, *Terre des hommes* in *Œuvres complètes*, tome I, *op. cit.*, p. 174.
15. Antoine de Saint-Exupéry, *idem*, p. 188.
16. Jean Anouilh, « Barsacq ou l'esprit d'enfance », *En marge du théâtre*, La Table ronde, 2000.
17. Antoine de Saint-Exupéry, *Le Petit Prince*, *op. cit.*, p. 246.

DOSSIER

L'AMÉRIQUE AUX URNES

78 Donald Trump, anomalie ou révélateur de la démocratie américaine ?
Corentin Sellin

85 L'endettement public, ressort ou poison ?
Annick Steta

92 Dans l'œil des écrivains
Paulina Dalmayer

Donald Trump, anomalie ou révélateur de la démocratie américaine ?

Corentin Sellin

Donald Trump est déjà, alors qu'il brigue pour la troisième fois la présidence des États-Unis en huit ans, une anomalie dans l'histoire de ce pays. Sa persistance sur la scène politique depuis 2016, malgré sa défaite électorale de 2020, est la plus flagrante étrangeté. Aucun président des États-Unis vaincu dans les urnes n'a jamais reconquis la Maison-Blanche à l'exception de Grover Cleveland, prédécesseur démocrate oublié de la fin du XIXe siècle. Et seul après lui le maudit Herbert Hoover, chef d'État abîmé par la Grande Dépression de 1929 puis par Franklin Roosevelt en 1932, essaya en vain d'obtenir de nouveau l'investiture de son parti en 1940. Depuis le début du XXe siècle, la tradition démocratique était donc bien établie dans un bipartisme désormais routinisé. Le président démocrate ou républicain vaincu se retirait dignement de la vie publique pour laisser place à un renouvellement des élites politiques. Ford, Carter, Bush senior s'éclipsèrent ainsi gracieusement, mettant en scène une passation des pouvoirs pacifiée au camp adverse – on se souvient de la lettre pleine d'aménité laissée en janvier 1993 par George Bush senior au jeune

Corentin Sellin est professeur agrégé d'histoire en classes préparatoires au lycée Carnot de Dijon. Il est l'auteur de *Amérique du Nord : entre intégration et fragmentation* (Ellipses, 2014).

président entrant Bill Clinton et lui disant : « Quand vous lirez cette lettre, vous serez *notre* président. Je vous souhaite le meilleur. » En quelques années, Donald Trump a fracassé ce rituel démocratique d'alternance, ne reconnaissant toujours pas en 2024 sa défaite électorale de 2020, due selon lui à des fraudes du parti démocrate dans le dépouillement et le décompte des votes. Loin de l'entente bipartisane traditionnelle, Donald Trump présente sa campagne de 2024 comme un châtiment (*retribution*) contre des adversaires politiques ramenés au rang d'ennemis promis à des poursuites judiciaires s'il revient au pouvoir. Cette brutalisation du champ et du discours politiques par le milliardaire interroge : est-elle provisoire et relative à une personnalité atypique et sans limites éthiques – quel autre candidat présidentiel aurait pu dès 2016, pour prouver sa popularité, imaginer à haute voix tirer sur quelqu'un dans la 5e Avenue à New York sans être condamné ? Ou bien Donald Trump n'est-il que le produit des évolutions structurelles de la démocratie américaine au début du XXIe siècle, dépassant de loin sa seule personne ?

Si on observe la conquête du pouvoir, la seconde hypothèse l'emporte. L'irruption de Donald Trump sur la scène politique en 2015-2016 – il est le premier président de l'histoire à ne jamais avoir exercé au préalable la moindre fonction élective ou de commandement militaire – traduit d'abord une mutation majeure quant à la sélection d'un candidat présidentiel. Depuis la fin du XIXe siècle, les deux grands partis possédaient une mainmise complète sur cette sélection. Elle est d'abord directe, jusqu'au milieu du XXe siècle, lors de conventions nationales pendant lesquelles les patrons locaux de partis cherchent à imposer leurs protégés respectifs. Puis la généralisation des élections primaires, à partir de 1968-1972, rend l'influence des partis plus indirecte sur la sélection du présidentiable. Mais le choix du candidat présidentiel continue, par le biais des primaires, de s'opérer à l'intérieur des règles édictées par le parti au profit d'un de ses élus ou anciens élus, ou *a minima* d'un sympathisant déclaré bénéficiant d'une notoriété forte. Donald Trump, lorsqu'il se lance à la surprise générale dans la course à l'investiture républicaine en juin 2015, a la particularité de n'avoir été affilié que très récemment au parti de Lincoln et Reagan. Alors électeur dans son État natal de New York, qui oblige à déclarer lors de l'inscription électorale sa préférence partisane, Donald Trump est tour à tour républicain (1987-1999), indépendant (1999-2001) puis démocrate (2001-2008), avant d'hésiter entre républicain et indépendant jusqu'à son affiliation définitive au GOP (Grand Old Party) conservateur en 2012, trois ans à peine avant sa candidature. Donald Trump avait d'ailleurs mené sa première candidature présidentielle éphémère en 1999-2000 au sein du Reform Party, un tiers parti cherchant à briser le bipartisme historique, se présentant à l'époque en candidat pro-avortement, preuve de sa grande plasticité idéologique. Et même redevenu républicain, Donald Trump fait, ironie de l'histoire, en 2011 puis 2013, des donations électorales à Kamala Harris, alors procureure générale de Californie.

Donald Trump a donc pris le Parti républicain et son investiture de l'extérieur, en parfait outsider, mais cela ne fut possible que par au moins deux évolutions majeures de la politique américaine au XXIe siècle. Donald Trump émerge dans un contexte de dérégulation totale du financement privé des élections fédérales aux États-Unis. En 2010, accentuant sa jurisprudence constante depuis l'arrêt Buckley v. Valeo de 1976, la Cour suprême, à majorité conservatrice, détruit les derniers garde-fous établis par les législations post-Watergate, rénovées en 2002 par la loi McCain-Feingold. Dans son arrêt Citizens United v. FEC (1) de janvier 2010, elle décide que les entreprises et syndicats ne peuvent être restreints par la loi pour leurs communications électorales et peuvent donc dépenser autant qu'ils le souhaitent pour soutenir un candidat présidentiel, à la condition expresse qu'ils ne se coordonnent pas avec sa campagne et agissent de façon indépendante. Cet arrêt Citizens United, bientôt confirmé par la décision Speechnow de la cour d'appel fédérale de Washington, ouvre la voie à la formation de comités d'action politique indépendants (Super PAC) aux contributions financières illimitées, contrairement à celles des campagnes des candidats et des partis. Le financement le plus puissant des candidats passe alors des partis aux Super PAC, permettant aux plus riches donateurs de donner des centaines de millions de dollars sans aucune limite ni aucun contrôle. Et depuis l'arrêt Buckley v. Valeo, rien n'empêchait déjà plus un candidat de financer autant qu'il le souhaitait sa propre campagne. Cette configuration nouvelle profite à plein en 2015-2016 à Donald Trump, magnat de l'immobilier puissamment soutenu par d'autres milliardaires conservateurs radicaux, l'autorisant à s'affranchir de la tutelle financière du parti. Le projet politique originel de Donald Trump, mêlant nativisme anti-immigration, colère anti-élites et défense de l'identité blanche face au multiculturalisme, est d'ailleurs conçu autour de l'investisseur milliardaire Robert Mercer, qui, en 2013-2014, finance à la fois le sondeur anciennement démocrate Pat Caddell avec ses études sur la demande d'un candidat « hors parti » et le polémiste d'extrême droite Stephen Bannon via son site d'information Breitbart News.

Lors de la campagne de 2016, Trump ayant été identifié comme le meilleur porteur de ce message de défiance envers les élites, Robert Mercer donne environ 15,5 millions de dollars pour le soutenir. Et il obtient en retour un rôle prééminent dans la transition présidentielle de 2016, via sa propre fille Rebekah Mercer, qui choisit les premiers cadres de la présidence Trump. De la même façon, le milliardaire Sheldon Adelson donne 20 millions de dollars aux Super PAC soutenant Donald Trump en 2016 et obtient l'engagement vite tenu de transférer l'ambassade américaine en Israël à Jérusalem, souhait fondamental du milliardaire. Cette symbiose nouvelle entre présidentiable et richissimes milliardaires imposant leur agenda politique en lieu et place du parti est renouvelée en 2024 avec l'omniprésence d'Elon Musk, l'un des hommes les plus riches de la planète. Musk finance la nouvelle candidature présidentielle de Donald Trump mais la promeut surtout sur son réseau social X, racheté en 2022. Musk, empêché lui-même d'être en lice en raison de sa nationalité sud-africaine de naissance, trouve en Trump un parfait porte-voix pour son hostilité à l'immigration et à l'État fédéral régulateur, dont il est pourtant un fournisseur majeur, pouvant espérer à terme de nouvelles commandes avec sa firme SpaceX.

De Fox News à Twitter

Donald Trump s'est aussi affranchi du Parti républicain grâce à l'externalisation progressive de la relation entre candidat et opinion publique conservatrice. Il n'a jamais été un élu du parti, mais se construit une figure politique durant les années 2011-2015 comme invité régulier de la chaîne de télévision Fox News et de ses émissions de débat polémiques (*Fox & Friends*). Renforçant sa notoriété médiatique et sa crédibilité conservatrice, il y établit un lien personnel avec les téléspectateurs de droite, pouvant, sans contrôle extérieur, diffuser des thèses conspirationnistes comme la prétendue naissance de Barack Obama hors du territoire américain (*birtherism*). Cette pratique est ensuite amplifiée sur Twitter (futur X), réseau social dont il fait son moyen privilégié de communication directe avec les électeurs, enjambant les médias traditionnels. Ceux-ci sont, en effet, une cible favorite de sa colère anti-élites. Le discours et la notoriété de Donald Trump en 2016 ne dépendent donc plus d'un parti dont les dirigeants sont contraints, bon gré mal gré, de suivre un candidat plébiscité par les électeurs, même au plus fort de ses scandales personnels. Et aujourd'hui, cette inversion inédite entre le candidat présidentiel et le parti est portée à son paroxysme par Donald Trump. La plateforme programmatique du Parti républicain, qui s'imposait encore à lui en 2016, a été dictée par ses soins en 2024 ; il impose par exemple d'éliminer toute mention – électoralement préjudiciable – d'une future loi d'interdiction fédérale de l'IVG. Le parti encore néoconservateur en politique étrangère et libre-échangiste en économie en 2016 se retrouve doté d'un programme reprenant en couverture le slogan de Donald Trump « Make America Great Again » (MAGA) et ayant comme pierre angulaire le mot d'ordre isolationniste et protectionniste « America First ».

Ce changement inédit dans la démocratie américaine, un projet politique identifié à un homme et non plus à un parti, s'est retrouvé dans le premier exercice du pouvoir de Donald Trump entre 2017 et 2021. Trouvant à disposition la construction juridique conservatrice de la théorie de l'exécutif unitaire, développée autour du procureur général de Ronald Reagan Edwin Meese (2), Donald Trump a développé une pratique présidentielle absolument personnelle et délivrée de tout contre-pouvoir. Sa politique extérieure est conçue autour de ses facultés propres de négociateur et de son sens autoproclamé pour passer des « accords » (*deals*) au gré de son alchimie personnelle avec ses homologues étrangers. Ses rencontres en tête-à-tête à Singapour et Hanoï et ses correspondances avec le dictateur nord-coréen Kim Jong-un restent un modèle de cette diplomatie égotiste et transactionnelle qui n'a pas produit les résultats escomptés pour le nucléaire nord-coréen. Cet exercice singulier de la diplomatie s'est heurté aux résistances de ses propres conseillers à la sécurité nationale. Ce poste, devenu historiquement central dans l'élaboration de la politique étrangère et de défense des États-Unis depuis Henry Kissinger (de 1969 à 1975) et Zbigniew Brzezinski (de 1977 à 1981), connaît, durant le mandat présidentiel Trump, une instabilité rare avec quatre titulaires en quatre ans (Michael Flynn, H. R. McMaster, John Bolton, Robert O'Brien). Cette instabilité reflétait souvent l'impossibilité pour des conseillers experts comme McMaster ou Bolton de freiner les impulsions du président Trump. Et le meilleur exemple en fut donné par le funeste coup de fil au président ukrainien Volodymyr Zelensky fin juillet 2019, lui demandant d'aider à trouver des informations compromettantes pour Joe Biden en échange du déblocage d'une aide militaire américaine gelée. Ce coup de téléphone est le motif de la première procédure d'*impeachment* contre Donald Trump, acquitté en février 2020 par un Sénat à majorité républicaine.

Cet *impeachment*, comme celui, un an plus tard, concernant l'incitation à l'insurrection du 6 janvier 2021, dénote une tension fondamentale entre un président Trump entendant exercer seul des pouvoirs présidentiels illimités et les contre-pouvoirs renforcés après le scandale du Watergate. Cette tension s'est faite plus aiguë lors du déni par le président Trump de sa défaite électorale face à Joe Biden en novembre 2020. Refusant de la reconnaître, comme il l'avait annoncé avant le scrutin, Donald Trump a employé tous les moyens de la présidence selon lui à sa disposition pour se maintenir au pouvoir. Se servant du département de la Justice comme de son service personnel d'enquête, il ordonna à son procureur général, William Barr, d'enquêter sur des allégations fantaisistes de fraude avant que ce dernier, de guerre lasse, ne déclare publiquement l'élection dénuée de tricherie et démissionne dans la foulée. Usant de sa stature présidentielle, Trump essaie d'obtenir du secrétaire d'État de Géorgie Brad Raffensperger un recomptage indu des votes en sa faveur. Puis il veut convaincre son vice-président Mike Pence de sortir de son rôle protocolaire de décompte du vote des grands électeurs pour exclure ceux qui lui sont défavorables. L'échec de cette dernière tentative et sa colère contre Pence expliquent finalement l'appel lancé par Donald Trump aux manifestants réunis à son initiative le 6 janvier 2021 pour marcher vers le Congrès afin d'y influencer ce décompte du vote des grands électeurs. L'assaut contre le Capitole qui en résulte reste à ce jour le plus grand traumatisme de l'histoire politique américaine récente.

Donald Trump, unanimement montré du doigt après cet assaut sanglant contre le symbole de la démocratie parlementaire, lui a pourtant survécu. Acquitté une seconde fois, lors de la procédure d'*impeachment* en février 2021, et pas encore jugé – s'il l'est un jour – après son inculpation fédérale relative au déni électoral, Trump n'a jamais renié l'insurrection du Capitole. Il promet bien au contraire de gracier, une fois redevenu président, les dizaines d'émeutiers déjà condamnés à des peines de prison. Car Donald Trump, au-delà de ses foucades personnelles, est porteur d'un projet de transformation définitive de la démocratie américaine. Centrée sur sa personne, elle doit évoluer vers un régime selon lui mieux assorti à la superpuissance du pays. Prenant acte des revers successifs des États-Unis en Irak et en Afghanistan, Donald Trump est convaincu depuis longtemps que la démocratie américaine s'est affaiblie loin de son territoire à force de vouloir défendre les principes libéraux fondateurs de ses alliances (*cf.* sa méfiance envers l'Otan). En admirateur déclaré de la toute-puissance intérieure d'un Poutine ou d'un Xi Jinping mise au service d'un projet de stricte grandeur nationale, Trump associe la verticalisation du pouvoir présidentiel et la redéfinition d'une Amérique devenant une grande puissance égoïste et dénuée de toute empathie démocratique – il envisage de faire payer à Taïwan une éventuelle protection militaire contre la Chine. Cette mutation de la démocratie s'exprime parfaitement en 2024 dans son programme de militarisation de la frontière et du traitement de l'immigration clandestine, sous les ordres d'un président se libérant de tout contrôle du Congrès. Si rien ne dit que Donald Trump, devenu en 2024 le plus vieux candidat à briguer la présidence, parviendra à être élu face à Kamala Harris en novembre, il serait sans doute illusoire d'enterrer avec son éventuel échec électoral la mue possible d'une démocratie américaine vers un régime politique à la fois plus autoritaire et ploutocratique.

1. FEC : Federal Electoral Commission.
2. La théorie (ou doctrine) juridique de l'exécutif unitaire, dans son acception la plus courante, suppose que le contrôle du président des États-Unis sur le pouvoir exécutif est absolu et ne peut être limité par le Congrès, par exemple dans son pouvoir de renvoyer tout agent de l'exécutif.

L'endettement public, ressort ou poison ?

Annick Steta

En 1992, un des slogans ciselés par l'équipe de Bill Clinton s'imposa dans la campagne présidentielle démocrate : « *It's the economy, stupid!* » Les collaborateurs du gouverneur de l'Arkansas cherchaient à mettre en évidence le bilan économique en demi-teinte du président républicain George H. W. Bush, qui était candidat à sa réélection. Les États-Unis étaient en effet entrés en récession à l'été 1990. Le produit intérieur brut (PIB) avait reculé durant huit mois, ce qui avait eu pour conséquence la perte nette de plus d'un million et demi d'emplois. Ces suppressions de postes avaient particulièrement touché deux secteurs d'activité : le bâtiment et l'industrie. En dépit du retour d'une croissance modérée, le chômage augmenta jusqu'en juin 1992. Bill Clinton parvint à convaincre les électeurs que la mise en œuvre de son programme permettrait de sortir l'économie de ce mauvais pas. Lors des mois qui suivirent, il bénéficia politiquement de la reprise de l'activité alors même qu'il n'en était nullement responsable.

Annick Steta est docteur en sciences économiques et diplômée de la Harvard Kennedy School.
annick.steta@alumni.harvard.edu

La campagne pour la prochaine élection à la présidence des États-Unis se déroule dans un contexte totalement différent. L'économie américaine va bien. Le PIB, qui était entré à deux reprises en territoire négatif sous l'effet de la pandémie de Covid-19, a repris sa progression depuis la mi-2022. Depuis cette époque, son taux de croissance trimestriel s'est étagé entre 1,6 et 4,9 %. Le taux de chômage, qui avait baissé jusqu'à atteindre 3,4 % en avril 2023, s'est élevé à 4,3 % en juillet dernier – ce qui correspond peu ou prou au chômage frictionnel lié aux délais de transition entre la non-activité et l'emploi ou entre deux emplois. Les États-Unis connaissent donc une situation de plein-emploi. Il n'est néanmoins pas certain que Kamala Harris, désignée candidate du parti démocrate après le retrait de Joe Biden, tire profit de cette période d'expansion.

Les citoyens américains jugent en effet sévèrement le bilan économique de l'administration Biden. Afin de comprendre ce sentiment, il est nécessaire de revenir sur les politiques mises en œuvre par le gouvernement fédéral pour faire face à la pandémie de Covid-19. En janvier 2021, quand Joe Biden entra en fonction, l'économie nationale était entrée dans une phase de rattrapage après la récession du premier semestre 2020 : le PIB avait chuté de plus de 30 % durant cette période. La reprise de l'activité n'avait toutefois pas suffi à panser les plaies de la pandémie. Après avoir culminé à 14,8 % en avril 2020, le taux de chômage était tombé à 6,4 % en janvier 2021. De façon à accélérer et consolider la croissance économique, le président des États-Unis fit adopter en mars 2021 un plan de relance de 1 900 milliards de dollars, soit 8 % du PIB. L'American Rescue Plan comprenait un ensemble de mesures destinées à soutenir la consommation des ménages. Les contribuables gagnant moins de 75 000 dollars par an reçurent un chèque de 1 400 dollars. Un complément d'allocations-chômage de 300 dollars par semaine fut versé jusqu'en septembre 2021. Le plafond des dépenses de garde d'enfant ouvrant droit à crédit d'impôt fut rehaussé pour l'ensemble des ménages. Les États fédérés, les collectivités locales, les établissements d'enseignement et les petites entreprises furent également éligibles à des aides substantielles. L'American Rescue Plan est venu s'ajouter au Coronavirus Aid, Relief, and Economic Security Act (CARES Act), d'un montant de 2 200 milliards de dollars, adopté en mars 2020 sous la présidence de Donald Trump. La mise en œuvre de ces deux plans de relance a eu pour conséquence une hausse de l'inflation sous-jacente, qui correspond à l'évolution de long terme du niveau général des prix. Selon la Réserve fédérale de San Francisco, cette hausse aurait représenté trois points de pourcentage jusqu'à la fin 2021 (1).

L'effet de ces plans de relance a été renforcé par la politique monétaire ultra-accommodante menée par la Réserve fédérale des États-Unis. D'avril 2020 à février 2022, celle-ci a maintenu ses taux directeurs nominaux à zéro – ce qui signifie que durant cette période, les taux d'intérêt réels ont été négatifs (2). La baisse du coût du crédit a contribué à la hausse de l'inflation. D'autres phénomènes ont joué un rôle similaire. Dès le début de la pandémie, les perturbations des chaînes d'approvisionnement créées par la fermeture de pans entiers de l'économie mondiale se sont traduites par une hausse des prix des biens de consommation. Un an plus tard, au printemps 2021, des tensions sont apparues sur le marché du travail américain. Les entreprises ont été confrontées à des démissions massives : plus de 47 millions de salariés auraient quitté leur emploi en 2021. Cette « grande démission » a été très marquée dans les secteurs fortement sollicités durant la pandémie ou, à l'opposé, rendus vulnérables par les restrictions apportées à leur activité. Nombre d'individus travaillant dans ces secteurs ont souhaité changer d'employeur ou se reconvertir. Beaucoup de managers ont eux aussi choisi de démissionner pour développer de nouvelles activités moins prenantes, plus en accord avec leurs aspirations professionnelles, ou mieux rémunérées. Les femmes ont également été touchées en raison de la fermeture des établissements scolaires : qu'elles soient célibataires ou que leur salaire soit inférieur à celui de leur conjoint, elles ont souvent dû démissionner pour pouvoir s'occuper de leurs enfants. La « grande démission » a fait évoluer le rapport de force sur le marché du travail : les employeurs ont été contraints d'offrir des salaires plus élevés pour retenir leurs employés ou pour espérer embaucher. Cette hausse des rémunérations a soutenu l'augmentation du niveau général des prix.

Ces différents facteurs se sont conjugués pour porter l'inflation à des sommets. Les prix à la consommation ont augmenté de 8 % en 2022 et de 4,1 % en 2023. Depuis le printemps 2024, la hausse des prix a notablement ralenti : en juillet dernier, l'indice des prix à la consommation n'a progressé que de 2,9 % en rythme annuel. Il n'en reste pas moins que les prix sont, en moyenne, supérieurs de 20 % au niveau qu'ils avaient atteint avant l'arrivée de Joe Biden à la Maison-Blanche. Certains produits alimentaires de consommation courante ont renchéri de 50 % durant cette période. Ce sont ces chiffres qui frappent les Américains. Ils sont peu sensibles au fait que l'inflation a baissé plus rapidement aux États-Unis que dans l'ensemble des pays de l'Organisation de coopération et de développement économiques (OCDE). Grâce aux réserves de combustibles fossiles dont elle dispose et qu'elle exploite, l'économie américaine a considérablement réduit sa dépendance aux importations de produits énergétiques. Elle n'a donc guère souffert de l'augmentation du prix des hydrocarbures liée à la guerre d'Ukraine.

L'inflation, préoccupation majeure des ménages américains

La crise sanitaire ouverte par l'émergence du Covid-19 a également été à l'origine d'une flambée des prix de l'immobilier. Beaucoup d'Américains ont cherché à échapper à des logements considérés comme trop petits ou insuffisamment confortables. Les premières hausses de salaires observées après la « grande démission » et, surtout, l'existence de taux d'intérêt réels négatifs ont soutenu la demande de biens immobiliers dans un contexte d'offre limitée. En conséquence, le prix moyen des maisons vendues aux États-Unis est passé de 371 100 dollars au deuxième trimestre 2020 à 501 700 dollars au deuxième trimestre 2024. Les loyers ont eux aussi fortement augmenté depuis le début du mandat de Joe Biden : le montant du loyer mensuel pour un appartement, qui était de 1 102 dollars en janvier 2021, a atteint 1 340 dollars en novembre 2023. L'envolée du nombre des projets de construction depuis 2021 a permis de contenir la hausse des loyers. Il n'en demeure pas moins que la plupart des Américains peinent à trouver un logement à un prix abordable. Pour répondre à ce problème, Kamala Harris a proposé de soutenir la construction de trois millions de logements, notamment en développant des solutions techniques innovantes, et d'accorder à quatre cent mille ménages primo-accédants une aide de 25 000 dollars pour contribuer au financement de l'acompte versé lors de l'achat d'un logement (*down payment*).

La hausse des salaires n'a en effet pas toujours suffi à compenser l'augmentation du coût de la vie. Elle a surtout bénéficié aux travailleurs les moins bien rémunérés, notamment à ceux qui occupaient des fonctions jugées essentielles durant la pandémie de Covid-19. Dans le même temps, le revenu médian des classes moyennes et supérieures, exprimé en termes réels, a légèrement diminué. Ce double mouvement s'est traduit en 2022 par une réduction des inégalités de revenus inédite depuis 2007.

De façon à enrayer la surchauffe de l'activité postérieure à la crise sanitaire, la Réserve fédérale a commencé en mars 2022 à relever ses taux directeurs. La cible du taux d'intérêt des fonds fédéraux (*federal funds rate*) est progressivement passée d'une fourchette de 0,25 % à 0,5 % en mars 2022 à une fourchette de 5,25 % à 5,5 % en juillet 2023. En juillet 2024, la Fed a choisi de maintenir ses taux directeurs au niveau auquel elle les avait portés un an plus tôt. En procédant de la sorte, elle cherche à créer les conditions d'un « atterrissage en douceur » (*soft landing*) de l'économie. Le ralentissement de l'augmentation des revenus réels et la légère hausse du chômage observés début 2024 tendent à montrer que cette stratégie fonctionne. Certains économistes ont néanmoins souligné que la persistance de taux directeurs élevés pourrait favoriser un retournement de conjoncture. Le fait que le rendement des bons du Trésor de maturité longue soit désormais inférieur à celui des bons de maturité courte montre par ailleurs que les marchés financiers anticipent un ralentissement de l'activité et une baisse des taux directeurs de la Fed (3).

Aussi étonnant que cela puisse paraître, il existe une certaine continuité entre les politiques économiques conduites sous l'autorité de Donald Trump puis de Joe Biden. Dès 2018, soit un an après son arrivée au pouvoir, le président Trump a commencé à mettre en œuvre une politique commerciale d'inspiration protectionniste consistant à taxer les importations de différents types de produits, dont l'acier, l'aluminium, et les biens fabriqués en Chine. L'administration Biden a réduit les taxes assises sur les importations d'acier et d'aluminium mais ne les a pas supprimées. Le coût de ces barrières tarifaires pour les consommateurs américains a été estimé à 2,7 milliards de dollars. Ce montant est très inférieur à celui des droits de douane imposés aux importations de biens manufacturés en provenance de Chine, qui a été évalué à 77 milliards de dollars. Loin de démanteler les barrières commerciales destinées à protéger le marché américain de la concurrence chinoise, considérée comme déloyale en raison de l'importance des subventions accordées par le gouvernement de Pékin au secteur industriel national, Joe Biden a maintenu les droits de douane imposés par son prédécesseur et a relevé les taux appliqués à différents produits. Ces taux s'étagent de 25 à 100 % pour les semiconducteurs, les produits à base d'acier ou d'aluminium, les voitures électriques, les batteries et leurs composants, le graphite naturel, les produits à usage médical, les aimants, les grues et les panneaux solaires. Lors de sa campagne pour l'élection de novembre prochain, Donald Trump a proposé d'appliquer des droits de douane de 10 % à l'ensemble des importations et de 60 % aux importations en provenance de Chine. Selon le Tax Policy Center, un think tank non partisan, la mise en œuvre de ces mesures aurait pour conséquences une baisse de 1,8 % du revenu après impôt des ménages en 2025. Il est vraisemblable qu'une administration

Harris adopterait une politique commerciale moins agressive. Celle que préconise le candidat Trump pourrait en effet déclencher une guerre commerciale de grande ampleur.

Ce recours au protectionnisme a deux objectifs principaux : rapatrier aux États-Unis la production de biens considérés comme stratégiques et créer de nouveaux emplois de bonne qualité. L'administration Biden a fait adopter en moins d'un an trois lois comportant des éléments de politique industrielle. Signé le 15 novembre 2021, l'Infrastructure Investment and Jobs Act a permis de débloquer 1 200 milliards de dollars pour rénover les infrastructures liées à la circulation, le réseau de distribution d'eau potable et le réseau électrique. Le CHIPS and Science Act, promulgué le 9 août 2022, comprend quant à lui 280 milliards de dollars de crédits destinés à soutenir l'effort de recherche et développement portant sur les semi-conducteurs et à encourager la relocalisation aux États-Unis de leur production. Enfin, l'Inflation Reduction Act (IRA), entré en vigueur le 16 août 2022, comporte deux volets. Le premier, qui est aussi le plus important, vise à accélérer la lutte contre le réchauffement climatique. Il associe incitations fiscales, subventions et prêts garantis pour permettre aux ménages comme aux entreprises de réduire leur utilisation de combustibles fossile et, ce faisant, leurs émissions de gaz à effet de serre. Le coût de ces mesures, qui devraient être déployées sur une période de dix ans, s'élèverait selon la Maison-Blanche à 390 milliards de dollars. Le second volet de l'IRA concerne les dépenses de santé et leur prise en charge. Il a prolongé pour trois ans les aides financières attribuées aux ménages ayant des revenus modestes ou intermédiaires pour payer leurs primes d'assurances-maladie. Ce dispositif avait été créé en 2010 par la loi sur la protection des patients et les soins abordables (Affordable Care Act ou Obamacare). Le coût de cette prolongation a été estimé à 64 milliards de dollars. Ce second volet comprend aussi des mesures permettant de limiter ou de plafonner le prix de certains médicaments, dont l'insuline (4). Il est pour le moment difficile d'évaluer l'impact que ces différentes lois de politique industrielle auront sur l'économie américaine. Selon une étude du *Financial Times*, 40 % des principaux projets industriels annoncés dans le cadre de l'IRA et du CHIPS Act auraient été différés ou supendus (5).

Les programmes de soutien à l'activité et de politique industrielle adoptés sous Donald Trump et Joe Biden ont été financés par un recours massif à l'emprunt. Depuis 2020, le déficit budgétaire de l'État fédéral n'a jamais été inférieur à 5 % du PIB (6). Cette accumulation de déficits est venue grossir la dette de l'État fédéral, qui a atteint 123,8 % du PIB en juin 2024. Les deux principaux candidats à l'élection présidentielle de novembre prochain ne semblent guère se préoccuper de la situation des finances publiques. Kamala Harris comme Donald Trump s'abritent implicitement derrière le statut particulier du dollar. Les États-Unis ont en effet le privilège de pouvoir s'endetter massivement dans leur propre monnaie parce que celle-ci demeure la principale monnaie de réserve internationale. Encore faut-il pouvoir placer les bons du Trésor émis pour financer la dette publique. Il n'est pas exclu que les investisseurs potentiels finissent par exiger une rémunération plus élevée (7). Le vrai défi du futur président des États-Unis consistera à mettre fin à la course folle de l'endettement avant que ce cercle vicieux ne s'enclenche.

1. Òscar Jordà, Celeste Liu, Fernanda Nechio et Fabián Rivera-Reyes, « Why is U.S. inflation higher than in other countries? », *FRBSF Economic Letter*, 2022-07, 28 mars 2022.
2. Le taux d'intérêt réel est égal au taux d'intérêt nominal moins le taux d'inflation.
3. « Will the economy swing the election? », *The Economist*, 10 août 2024, p. 8.
4. Laurence Nardon, « Les Bidenomics : contours et critiques de la nouvelle politique économique américaine », *Potomac Papers*, n° 48, Ifri, octobre 2023, p. 13-15.
5. Amanda Chu, Alexandra White et Rhea Basarkar, « Delays hit 40 % of Biden's major IRA manufacturing projects », *Financial Times*, 12 août 2024.
6. Il s'est établi à 14,7 % du PIB en 2020, 12,1 % en 2021, 5,4 % en 2022 et 6,3 % en 2023.
7. Stéphane Lauer, « La dette est l'angle mort de l'élection présidentielle américaine », *La Matinale du Monde*, 13 mai 2024.

Dans l'œil des écrivains

Paulina Dalmayer

Nos entretiens ont été réalisés en juillet 2024, avant le retrait de Joe Biden de la course à la Maison-Blanche. En marge de toute spéculation sur l'issue du scrutin, ils s'intéressent plutôt au regard des écrivains sur l'état de la démocratie américaine, à la veille d'une élection dont nous risquons de ressentir les secousses.

À un mois de l'élection présidentielle américaine, personne ne cesse certes de respirer, mais d'un continent l'autre, on se passionne pour l'événement. Que cela nous siée ou pas, nos amis américains éliront sous peu le roi ou la reine du monde.

Cinq écrivains, tous bien connus en France, livrent leurs observations, confient leurs convictions, donnent des coups de griffe et partagent la recette de l'optimisme « *made in USA* ».

Galanterie française oblige, nous procédons aux présentations en commençant par deux romancières remarquables : Lionel Shriver et Jennifer Haigh. Que le masculin Lionel ne trompe personne. Margaret Ann Shriver a changé de prénom, mais pas de sexe. De livre en livre, elle s'affirme en grande pourfendeuse du politiquement correct, prête à toutes les provocations propres à mettre en furie les apôtres de la bien-pensance, comme parader avec un sombrero pour défier le dada progressiste de « l'appropriation culturelle ». Depuis le succès mondial

Paulina Dalmayer est journaliste. Dernier ouvrage publié : *Les Utopistes* (Grasset, 2023).
dalmayer@orange.fr

de son *Il faut qu'on parle de Kevin* (1), où on suit la mère d'un adolescent auteur d'une tuerie de masse, Shriver n'a eu de cesse de mettre et remettre le doigt dans la porte, le sien et le nôtre : ça fait mal, mais ça fait aussi rire. Les vrais tabous ne lui font pas peur, l'argent pas plus que l'obésité ou la vieillesse. De son tout dernier roman, *Mania* (2), une satire déjantée sur la dernière discrimination à combattre, celle de l'intelligence, il convient de retenir cette sentence corrosive : « Ce qui qualifie à présent un candidat à une haute fonction publique, c'est de ne rien savoir sur rien. »

Jennifer Haigh a fait connaître en France son rare talent à construire des romans polyphoniques avec *Ce qui gît dans ses entrailles* (3), listé parmi les meilleurs livres par *The New York Times*, *The Washington Post* et *The Wall Street Journal*. Originaire de Pennsylvanie, elle a grandi dans le milieu catholique traditionaliste, sans avoir jamais vraiment quitté cette Amérique des perdants, pauvre et éprouvée, ingénieuse dans la débrouillardise et digne dans l'adversité : sa matière première. *Mercy Street* (4) chronique le travail d'une conseillère dans une clinique qui pratique l'avortement à Boston, mettant en exergue la minutie documentaire de l'auteure et son expérience personnelle en tant que volontaire dans le même type d'établissements. Couronnée des prix PEN/Hemingway et Mark Twain American Voice in Literature, elle enseigne l'écriture créative à l'université de Boston.

Pour ce qui est des hommes, notre panel compte également de grosses pointures. Ruby Namdar, tout d'abord, avec la belle lenteur de ses phrases à la Singer et sa passion mystique qui lui ont valu de recevoir le prix Sapir en Israël, l'équivalent de notre Goncourt, pour *La Maison de ruines* (5). Le roman a traversé l'Atlantique pour être traduit et salué comme « un chef-d'œuvre absolu » par *The New York Times*. Depuis un quart de siècle, Ruby Namdar vit et travaille aux États-Unis, ce qui fait de cet Israélien d'origine iranienne un précieux analyste de l'Amérique.

Quant à Jake Hinkson, fils d'un diacre d'une église évangélique, frère d'un pasteur, il fut un temps fidèle à l'Église pentecôtiste ultraorthodoxe avant de décrocher complètement de la vie religieuse, et de devenir auteur de romans noirs, revendiquant écrire sur des pécheurs et non sur des criminels. *L'Enfer de Church Street* (6) et *Au nom du bien* (7) contiennent tout ce que nous avons toujours voulu savoir sur les chrétiens américains sans jamais oser le demander : leur rapport au sexe et à l'argent, leurs petits et grands arrangements avec leur conscience, leur morale profonde et celle apparente. Personne mieux que Hinkson ne connaît ce milieu, base de l'électorat de Donald Trump et levier de son succès. Mariée à une Française, Jake Hinkson vit désormais à Chicago.

« *Last but not least* », Viet Thanh Nguyen, Prix Pulitzer de la fiction et Prix Edgar-Allan-Poe 2016 pour son roman *Le Sympathisant* (8), désormais adapté sur le petit écran par HBO, est pour sa part arrivé aux États-Unis après la chute de Saïgon, à l'âge de 4 ans : « Je suis né au Vietnam, mais je suis aussi un produit de l'Amérique. (9) » Issu d'une famille anticommuniste, Nguyen est une figure majeure des intellectuels de gauche. La question qui l'obsède, et nous réveille : pourquoi la guerre du Vietnam est-elle exclusivement connue par les récits qu'en ont faits les vaincus, c'est-à-dire les Américains ? Diplômé de Berkeley, il enseigne la littérature comparée à l'université de Californie du Sud.

Jamais un écrivain américain n'a été élu à un poste politique de responsabilité, bien que quelques-uns l'aient ambitionné : estampillé *anti-establishment,* Norman Mailer a perdu la course à la mairie de New York en 1969, tout comme le bien né Gore Vidal n'a pas réussi à percer au Congrès en 1960. Avant l'élection de Ronald Reagan, Doctorow avait pu tenter d'expliquer ce phénomène, arguant que le public américain prend l'écriture pour une activité ludique et qu'en conséquence celui qui s'y prête ne peut être pris au sérieux (10).

Questionnés sur leur pouvoir de peser sur les choix électoraux de leurs compatriotes, les écrivains sollicités ont eu du mal à cacher leur étonnement. Quelles que soient leur sensibilité politique ou leurs origines, ils partagent la conviction de vivre au sein d'une société indifférente, sinon méfiante, à l'égard de la littérature et de ceux qui la font. « Une société post-littéraire », tranche Jennifer Haigh, tandis que Ruby Namdar enfonce le clou : « On attend de nous d'être des meneurs de claque plutôt que des prophètes. »

Une opinion corroborée par Lionel Shriver, sensible à ce nouvel aspect du rayonnement littéraire que procure à un auteur une adaptation par Netflix d'une de ses œuvres : « Si par écrivain on entend romancier, nous sommes largement ignorés, et, pour l'essentiel, nous devrions l'être. »

Jake Hinkson nous invite à regarder de près ce qui se passe entre les deux côtes, Est et Ouest, réputées branchées, riches et ultraprogressistes : « Un Américain moyen n'a probablement jamais lu un livre en entier dans toute sa vie. Et il n'est pas question ici d'une insulte bête et méchante. Littéralement, cela n'arrive tout simplement pas à un Américain moyen. Difficile à comprendre quand on est Français, n'est-ce pas ? Mais vous devriez pourtant admettre que nous sommes un peuple profondément et radicalement anti-intellectuel. Fran Lebowitz a pointé avec justesse que lorsqu'un Américain se plaint des élites, il ne pense pas aux riches. Nous adorons les riches ! Non, il pense aux intellectuels. N'oubliez pas que l'Amérique a été fondée par des protestants persuadés que la Bible demeure le seul livre qui vaut la peine d'être lu, ce qui ne signifie pas que tous les chrétiens américains l'ont effectivement lue. »

Plus célèbre à l'étranger, notamment en France, où il a reçu le Grand Prix de littérature policière en 2018, que dans l'Arkansas qui l'a vu naître, Hinkson nous confond dans notre paresse de penser New York avec ses romanciers emblématiques – Edith Warthon, James Baldwin, Henry Miller, jusqu'aux récemment disparus Philip Roth et Paul Auster – comme représentatifs d'une vie littéraire trépidante outre-Atlantique. L'initiative géniale d'Oliver Gallmeister, à la tête d'une maison d'édition du même nom, de présenter aux lecteurs français les auteurs américains liés au courant *nature writing*, outsiders amoureux des grands espaces et de nature sauvage, n'aura paradoxalement fait que renforcer ce fantasme.

Le milieu littéraire américain paraît ainsi avoir une influence limitée sur l'élection présidentielle sous haute tension qui se profile, et défendre des opinions similaires, l'un n'étant peut-être pas sans lien avec l'autre. Toutefois, le rôle d'un écrivain consisterait-il à proscrire un vote ? Lorsque nous en discutons, le surlendemain de la tentative d'assassinat de Donald Trump, Viet Thanh Nguyen relativise : « Notre tâche s'étend au-delà des enjeux immédiats d'une élection. Nous avons à fournir des analyses de ce que nous sommes collectivement en train de vivre, à contextualiser nos tragédies et nos obsessions nationales, à placer des événements actuels dans un cadre historique. Et je pense, au contraire, que nous ne sommes pas totalement insignifiants. Il suffit de voir comment la façon dont les écrivains et les intellectuels se sont emparés de la cause des Noirs et des personnes *queer* a influencé la culture américaine des dernières années. »

Il se pourrait en effet que les narrations proposées de l'actualité en Amérique soient en décalage avec ce que vit réellement la société américaine, qui ne s'y reconnaît tout simplement pas, quand elle ne se sent pas offensée par l'image qu'on lui renvoie.

« C'est un miracle que je sois toujours publiée »

Dans son essai *White,* qui lui a valu des accusations de sexisme et de racisme (11), Bret Easton Ellis étrille les tenants autoproclamés de la tolérance : « Ne pas être capable ou ne pas vouloir se mettre dans la peau de quelqu'un d'autre – afin de voir le monde d'une façon complètement différente de la vôtre – est le premier pas en direction de l'absence d'empathie, et c'est la raison pour laquelle tant de mouvements progressistes deviennent aussi rigides et autoritaires que les institutions qu'ils combattent. »

Si aucun de nos interlocuteurs n'a voté ni ne votera en faveur de Trump, leurs avis divergent sur le périmètre de la liberté d'opinion que le milieu littéraire s'impose et essaie d'imposer, au-delà de son propre cercle.

Jake Hinkson surprend par son imperméabilité à comprendre le vote trumpiste : « Vous ne pouvez pas soutenir son Projet 2025 sans être un fasciste, un complice du christianisme nationaliste et de la suprématie blanche. Soutenir Trump ne ferait pas de vous un plus mauvais écrivain que le fascisme n'a fait de Céline un mauvais écrivain. Cela ferait juste de vous un fasciste. »

Amusée par la question, Lionel Shriver tempère : « Quiconque n'a pas été traité de raciste de nos jours est soit un flagorneur soit un sourd-muet. C'est un miracle que je sois toujours publiée, alors que je me suis prononcée contre l'immigration de masse, les quotas raciaux, les politiques identitaires et l'idéologie *gender*. » Shriver ne serait probablement pas contredite par Ruby Namdar, convaincu que « les jeunes progressistes ultraradicaux » n'ont absolument rien à envier aux plus fanatisés des conservateurs dans leur acharnement contre la démocratie libérale, tout en bénéficiant de l'appui du monde intellectuel : « La moindre déviation de la ligne ultraprogressiste est immédiatement punie par le système. Les éditeurs sont trop effrayés et avides de profit pour prendre le risque de défendre un auteur problématique qui exprime des idées peu orthodoxes. »

Partant du principe que son simplisme et ses fanfaronnades, plus qu'une adhésion réelle aux valeurs de la gauche, éliminent d'office Trump du statut de candidat du monde artistique et intellectuel, Viet Thanh Nguyen ne ménage pas non plus les démocrates : « Seuls les intérêts de la classe moyenne supérieure ont été préservés, pas ceux de la classe moyenne et surtout pas ceux de la classe ouvrière. C'est ce qui a persuadé des millions d'Américains qu'ils n'ont aucune chance de tirer leur épingle du jeu. » Et Jake Hinkson de prendre le relais : « Ils se contrefichent des pauvres ! Nous avons un système biparti aux États-Unis : un parti est diabolique et l'autre ne vaut rien. Voilà à quoi se résume notre choix. » Une fois n'est pas coutume, Lionel Shriver se joint au chorus : « Cette élection n'est aucunement l'expression de la volonté du peuple et ce sera toujours le cas, même si Biden était remplacé en catastrophe par quelqu'un de haut gradé dans le Parti démocrate, en violation des règles démocratiques. » En revanche, Shriver est bien la seule à considérer que Trump et Biden sont à blâmer à titre égal concernant les dépenses. Le montant astronomique de la dette publique américaine – 124 % en pourcentage du PIB contre 111 % dans le cas de la France – fait craindre que la crise que Shriver a imaginée dans *Les Mandible. Une famille, 2029-2047* (12), où le dollar perd son statut de monnaie de référence dans des échanges commerciaux à l'international et se voit remplacer par le « bancor », une devise d'invention sino-russe, devienne la réalité.

Le médiocre résultat économique attribué aux deux camps indique que les tensions dans la société américaine sont surtout alimentées par des enjeux culturels et sociétaux. La preuve par la discorde entre nos auteurs, dès qu'on essaie d'évaluer le bilan et les propositions des deux partis dans toutes les autres sphères : libertés civiques, politique étrangère, immigration… Un président démocrate serait-il préférable à un président républicain pour défendre la liberté d'expression ? « Allons ! Ce n'est pas une question sérieuse ! » répond du tac au tac Jake Hinkson. Il tient à énumérer des absurdités inconcevables sous nos latitudes, comme la loi « Don't Say Gay » (« ne dites pas "gay" ») votée en Floride, qui interdit *de facto* de dire aux enfants que les homosexuels existent, et évoque les livres bannis des bibliothèques publiques : « Il s'agit essentiellement des ouvrages concernant la problématique LGBT et les Noirs. » À se pencher sur le sujet, on apprend toutefois qu'un de ces livres, *Genre Queer. Une autobiographie non binaire,* de Maia Kobabe, un des plus controversés et des plus souvent retirés des écoles selon l'American Library Association's Office for Intellectual Freedom, contient de nombreuses illustrations sexuellement explicites destinées à raconter le voyage de l'enfance à l'adolescence de son auteure qui se découvre non binaire et, à l'âge de 14 ans, fantasme sur le sexe entre un garçon et un homme adulte. Faut-il vraiment blâmer les parents scandalisés par ce contenu ?

Si, en Floride, on ne peut plus prononcer le mot « gay », en Californie, une loi interdit désormais aux écoles d'exiger que les parents soient informés lorsque leur enfant commence à utiliser un prénom différent. En réponse, Elon Musk, dont le fils a changé de sexe et de nom, a juré de « détruire le virus woke », déménageant les sièges de ses deux compagnies, SpaceX et X, de Californie au très conservateur Texas.

L'hystérie de Gaza

Rarement l'aveuglement et l'hystérie ont fait une démonstration de force comparable à celle observée dans les campus universitaires américains par les militants propalestiniens dès le premier jour de la riposte israélienne aux attaques terroristes du 7 octobre 2023. Viet Thanh Nguyen assume son engagement en faveur de la cause palestinienne et participe aux nombreuses initiatives qui en font la promotion. Comment expliquer qu'aucun autre combat, pour n'évoquer que celui des femmes iraniennes arrêtées et torturées en masse par le régime islamiste, ne suscite un pareil engouement ? Prêt à concéder que la question se justifie, Nguyen bute rapidement contre les incohérences indéfendables, comme quand il affirme que suivant la politique étrangère américaine, qu'il conteste, « la vie d'un Palestinien vaut moins que la vie d'un Ukrainien ». Les Ukrainiens s'en seraient-ils pris, eux aussi, aux civils d'un pays voisin, les auraient-ils égorgés, brûlés vifs ou kidnappés ? Et tandis que l'auteur du *Sympathisant* évoque son devoir d'écrivain et de citoyen américain de dénoncer « le génocide en cours dans la bande de Gaza », dans la mesure où les États-Unis soutiennent militairement Israël, Naomi Klein, la grande figure d'ultragauche mondialisée, appelle dans la presse (13) à « libérer le judaïsme d'un ethno-État qui veut voir les juifs continuellement effrayés », ainsi qu'à « sortir du sionisme ». Concrètement, que faudrait-il faire alors de plus de neuf millions d'Israéliens qu'on « libérerait » de leur État ? Un bout de réponse semble se trouver sur une pancarte tenue par un manifestant propalestinien, le jour du discours de Benyamin Netanyahou devant le Congrès américain : « Allah rassemble tous les sionistes pour la solution finale. (14) »

À quoi s'attendre dans les prochaines années aux États-Unis ? Que souhaiter à ce pays qui exerce, malgré toutes ses failles et divisions internes, un attrait et de l'empire sur beaucoup de gens et dont dépend en grande partie notre sécurité ? Alors que nombre de romanciers américains succombent à l'attrait de la dystopie, pour ne citer que Margaret Atwood, Stephen King, notre invitée Lionel Shriver, ou encore Douglas Kennedy, et tandis que les autres s'emploient à disséquer le quotidien des gens ordinaires mettant au passage à mal les mythes américains, où tourner l'œil avide d'horizon dégagé ? Nulle part ailleurs qu'en Amérique, évidemment ! Les auteurs de dystopies sont des optimistes comme les autres. Et s'il y a quelque chose que les Français devraient apprendre de nos amis américains, c'est leur art de voir les choses du bon côté et d'aller de l'avant.

Viet Thanh Nguyen y excelle, nous servant la belle déclaration finale qui suit : « Tout au long de notre entretien, j'ai parlé de la tradition de la violence ancrée dans l'histoire américaine, mais il existe aussi une tradition américaine de la résistance face à ce qu'il y a de pire en nous. On dit que l'Amérique est divisée… cela suppose donc qu'une partie de la population supporte Trump et l'autre son adversaire. En d'autres termes, il y a une diversité d'opinions et même si Trump gagne, une opposition se mettra rapidement en place. » Ce n'est pas en Amérique qu'on risque d'entendre le « c'était mieux avant » si cher aux Français. Que le combat pour les droits des minorités ne s'essouffle pas, voire qu'il s'intensifie, est une chose. C'en est une autre de reconnaître, d'après Nguyen, que du point de vue d'un Afro-Américain, d'un Indien d'Amérique ou d'un Américain d'origine asiatique, le présent des États-Unis paraît infiniment moins sombre que son passé : esclavagisme, camps de détention, travail forcé, ségrégationnisme…

Reste toutefois beaucoup à faire, notamment dans le domaine des droits des femmes, un sujet qui tient à cœur à Jennifer Haigh, comme à 63 % des Américains, qui se disent favorables à l'IVG (15) : « L'interdiction de l'avortement reste très impopulaire même dans les États conservateurs et ne reflète pas l'opinion de la majeure partie des citoyens américains. Ce qu'il nous faut, c'est une Cour suprême qui représenterait vraiment nos valeurs et une loi fédérale qui protégerait le droit des femmes à une autonomie corporelle. »

À contre-courant des analystes politiques et des gros titres de presse, Lionel Shriver conteste l'apparent appétit des Américains pour les extrêmes : « La plupart d'entre eux ne veulent pas de préférences raciales dans le système d'éducation, et cela concerne même les Afro-Américains. La plupart des Américains croient en la devise de Martin Luther King qui nous enjoint de nous juger par rapport à nos caractères et non par rapport à la couleur de notre peau. La plupart des Américains veulent que les voleurs soient arrêtés et non pas relâchés dans la nature le jour même de leur arrestation. La plupart des Américains s'opposent à ce qui est devenu par la force des choses une frontière ouverte, donc l'absence de frontière, dans le sud des États-Unis. C'est pourquoi un authentique centriste, qu'importe le parti auquel il aurait appartenu, gagnerait facilement à la fois dans les états bleus et rouges. La majeure partie des Américains sont sensés et responsables, bien plus disposés à s'entendre qu'on le croit. » Et c'est ce que confirme Jake Hinkson, bien qu'étant favorable à l'accueil des immigrés : « Les Américains sont foncièrement optimistes dans leur façon de voir la vie, partisans de la maxime "vis et laisse vivre les autres". Je suis loin d'être naïf, en le disant. J'ai vécu dans le Sud et dans le Nord, dans les États bleus et rouges, dans des grandes villes et des petits villages, alors je peux affirmer que le caractère américain est identique partout : indépendant, regardant de l'avant, travailleur… et optimiste. Serait-ce suffisant pour nous souder ? Je ne sais pas. » Paradoxalement, le spectre d'une deuxième présidence de Donald Trump n'est pas ce qui l'effraie le plus. L'Amérique, prévient Hinkson, est une pépinière de potentiels dictateurs, dont on parle peu en Europe, tels Tom Cotton de l'Arkansas ou Josh Hawley du Missouri : le premier s'est dit favorable aux bombardements des sites nucléaires iraniens et aux frappes militaires partout où les intérêts stratégiques américains seraient menacés, le second a vu d'un bon œil l'assaut du Capitole et s'est opposé à l'entrée de la Suède et de la Finlande dans l'Otan. Laissons à la fantaisie de Douglas Kennedy le soin de relativiser les dangers qui nous guettent : « Chaque fois que je me surprends à désespérer en pensant à l'Amérique moderne, je fais l'effort de me rappeler que, parmi toutes nos difficultés internes, il nous reste toujours le jazz. (16) » Et la littérature !

1. Lionel Shriver, *Il faut qu'on parle de Kevin*, traduit par Françoise Cartano, Belfond, 2006.
2. Lionel Shriver, *Mania*, Harper Collins, 2024. Le livre n'est pas encore traduit en français.
3. Jennifer Haigh, *Ce qui gît dans ses entrailles*, traduit par Janique Jouin-de-Laurens, Gallmeister, 2017.
4. Jennifer Haigh, *Mercy Street*, traduit par Janique Jouin-de-Laurens, Gallmeister, 2023.
5. Ruby Namdar, *La Maison de ruines*, traduit par Sarah Tardy, Belfond, 2018.
6. Jake Hinkson, *L'Enfer de Church Street*, traduit par Sophie Aslanides, Gallmeister, 2015.
7. Jake Hinkson, *Au nom du bien*, traduit par Sophie Aslanides, Gallmeister, 2019.
8. Viet Thanh Nguyen, *Le Sympathisant*, traduit par Clément Baude, Belfond, 2017.
9. Viet Thanh Nguyen, *Jamais rien ne meurt. Vietnam, mémoire de la guerre*, traduit par Valérie Bourgeois, Belfond, 2019.
10. E. L. Doctorow, « Writers and politicians », *The New York Times*, 11 avril 1976.
11. Charles Arrowsmith, « In "White", Bret Easton Ellis baits his critics with morsels specially tooled to elicit outrage », *The Washington Post*, 19 avril 2019.
12. Lionel Shriver, *Les Mandible. Une famille, 2029-2047*, traduit par Laurence Richard, Belfond, 2017.
13. Naomi Klein, « We need an exodus from Zionism », *The Guardian*, le 24 avril 2024.
14. Ryan King, Alex Oliveira, « Anti-Israel rioters burn US flag, attempt to breach Capitol Police line as Netanyahu addresses Congress », *The New York Post*, 24 juillet 2024.
15. Pew Research Center, « Public Opinion on Abortion », 13 mai 2024, www.pewresearch.org.
16. Douglas Kennedy, *Ailleurs, chez moi*, traduit par Chloé Royer, Belfond, 2024.

LITTÉRATURE

102 Carnets du Japon : *onsen*, bains de sagesse
Michaël Ferrier

108 Olivier Jobard, photographe de l'exil
Aurélie Julia

113 Le Renard et La Fontaine : autoportrait
Judith Sibony

119 « La chair est triste, hélas ! » Vers le secret de Mallarmé
Michel Brix

Carnets du Japon : *onsen*, bains de sagesse

Michaël Ferrier

Hokkaidō : l'île la plus au nord du Japon.

Les gens qui visitent Hokkaidō en été ne tarissent pas d'éloges sur sa beauté. Les arbres et les herbes sont d'un vert éclatant, le ciel haut et clair. Le soleil frappe fort, mais le frisson du vent sur la peau est doux comme la soie. De grands ormes en pleine floraison jettent çà et là leurs ombres sur les pelouses. Une brise exquise souffle sur leur feuillage, rugueux au toucher, des senteurs de lys et d'iris. On entend les cris des enfants, heureux de sauter et de rouler sur ces tapis d'herbe tendre.

Hokkaidō est une terre qui flotte dans les airs. Mon ami Nakaya m'explique : « Oui, il y a une sensation de flottement sur toute l'île qui donne aux visiteurs l'impression de planer. L'une des raisons est que, pendant l'été, contrairement à Tokyo ou à Kyoto par exemple, l'air est très peu chargé d'humidité. C'est une impression fugace, légère, d'autant plus précieuse que nous, gens de Hokkaidō, savons bien que l'été sera court jusqu'en septembre. Je ne peux pas la décrire mieux que comme la sensation d'un kimono d'été. » Il a parfaitement raison : c'est tout à fait ça.

*

Mais l'hiver à Hokkaidō est encore beaucoup plus beau que l'été. Imaginez : vous avez marché toute la journée dans une poudre fine et légère. Rien ne bouge, tout est calme. Vous êtes maintenant dans une vieille baraque qui craque de partout au milieu de la plaine blanche. Dehors, la neige est aussi fraîche que le duvet d'un oiseau d'eau.

Tous mes souvenirs de voyage dans le nord du Japon sont marqués par ces vieilles bâtisses grises, boiteuses, déglinguées, survolées par les aigles et cernées par le froid : leur parquet fait entendre un gémissement à chaque déplacement mais elles sont chauffées par d'imposants poêles à bois et forment un abri sûr au cœur du paysage enneigé. Les poutres et les charpentes laissent de nombreux interstices où viennent se loger les oiseaux. Des volées de moineaux nichent dans les toitures et vous réveillent le matin de leurs gazouillis enchantés.

C'est une nuit parfaite pour goûter aux spécialités du coin. Yoshio dispose une généreuse marmite de légumes sur un brasero : courge jaune, racine de lotus, potiron vert. Shizuko fait chauffer le saké dans un poêlon de cuivre et nous prenons un long dîner très animé. Elle a préparé toutes sortes de poissons et il y a aussi de succulentes coquilles Saint-Jacques, immenses et plates comme la main, que nous mangeons crues, arrosées d'un filet de sauce de soja et de larges rasades de saké chaud.

Dehors, à perte de vue, se dressent les montagnes, muettes et colossales, si blanches que leur luminosité transperce même la nuit. Il s'est remis à neiger. De minuscules flocons blancs qui scintillent. C'est une bénédiction du ciel. Nous nous endormons ainsi, sous les couettes épaisses, au milieu des géants à tête pâle et des cimes argentées.

Le lendemain matin, après avoir passé la nuit à Tōyako, notre petite bande se met en route et nous longeons la bordure ouest du lac Tōya, en route vers le mont Usu. Dès que nous nous éloignons de la rive occidentale et que nous bifurquons vers les montagnes, le paysage semble s'ouvrir et les superbes masses rocheuses s'écartent progressivement pour nous engloutir entre leurs flancs. Sur la ligne de l'horizon, nous voyons un volcan s'élever, dont le sommet est coiffé d'un épais nuage de fumée blanche. C'est là-bas que nous allons.

Michaël Ferrier est écrivain et essayiste. Dernier ouvrage publié : *Notre ami l'atome* (écrits cinématographiques, en collaboration avec Kenichi Watanabe, Gallimard, 2021). www.tokyo-time-table.com

Alors que nous traversons le hameau de Shiroyama, nous croisons des ouvriers en vareuse grise qui transportent du bois sur de vieilles carrioles. Renseignement pris, ce sont des artisans qui taillent des statues de Bouddha. Je leur demande s'ils n'ont pas froid avec leur veste qui ne descend pas plus bas que les reins. Ils s'esclaffent à la question de l'étranger. Mais non ! Ils portent ces blouses courtes et rêches, malgré le froid, pour garder une amplitude de mouvement quand ils manœuvrent les charrettes. Leurs avant-bras sont superbes, à la fois souples, tendus et musculeux. Le bois du camphrier est dur, nous expliquent-ils, de même que celui du cyprès : il faut beaucoup de poigne pour y tracer la course du burin. Ils se frottent les bras dans la neige en riant, nous saluent puis reprennent leur chemin.

Quand on marche ainsi pendant des heures dans la neige, il n'y a rien d'autre à faire que le vide, le vide qui permet de pleinement penser. Alors je pense, je pense à toutes ces personnes que j'ai croisées ou côtoyées tout au long de mes voyages ici, pendant quelques heures ou quelques minutes, parfois quelques années.

Ce sont des gens de peu, des gens de rien. Mais ce sont des gens qui aiment la vie et que la vie réjouit. Ils aiment la vie dans son ensemble, sans affectation et sans fioritures, avec hardiesse, avec aplomb. Ils aiment le jour et ils aiment la nuit, le beau temps et les orages, le crachin et la brume, le calme et la sagesse de la montagne et le vent qui rend fou de la plaine. Ils aiment creuser des puits et réparer des ponts, préparer les semis et repiquer le riz, boire de l'alcool de patates ou déguster du thé vert, discuter ou bien se taire, travailler et se reposer. Certains vivent paisiblement entourés de leurs enfants et de leur bétail, d'autres mènent une existence dissolue, trahissent leurs femmes ou trompent leurs maris, se querellent ou même se frappent, se disputent avec leurs amis. Mais dans ce pays splendide et sauvage, personne jamais ne s'ennuie. Et, je le sens bien, je pourrais rester ici jusqu'à la mort, à écouter en silence la montagne me raconter ses histoires de bêtes, d'hommes et de cimes, toutes les légendes du pays.

Mais pour l'instant, passant au-dessus de ma tête dans un chuintement d'ailes et déchirant mes rêveries, une oie, une oie si frêle et si vive qu'elle semble être née des branches elles-mêmes. C'est *hakugan* ! crie un enfant aux joues de porcelaine. Hakugan, l'oie des neiges : plumage blanc, tête rousse, pattes roses, elle file entre les arbres et le monde entier semble s'ordonner dans son sillage. Je pense aux paroles du poète, qui transpercent le temps :

« Un seul oiseau
Dans le ciel immense et sans raison
Lui donne à la fois son centre et sa direction »

*

Au bout de vingt minutes, nous traversons un vieux pont de cordes suspendu puis montons une série d'escaliers taillés à même la pierre, vers le plateau de Kusunoki. Cet itinéraire escarpé a un pouvoir de séduction mystérieux. Il faut baisser la tête et courber l'échine pour passer sous les branches des arbres, inclinées si bas qu'elles touchent presque le sol et déposent sur nos frêles silhouettes des cascades de mousse blanche. C'est comme un baptême de neige avant de pouvoir entrer dans le village.

Un profond silence règne sur le village de Kusunoki. Les maisons, pas plus d'une dizaine en tout, sont serrées les unes contre les autres, blotties comme pour se protéger du froid. C'est un bosquet de chaumines qui a fleuri entre les montagnes, avec des légumes et des fruits dans les jardins, des pierres sur les toits. Des peaux de kakis rousses régalent les moineaux, des fanes de betteraves et de carottes servent de litières aux animaux. Toutes les futilités disparaissent quand on entre dans Kusunoki, un air vivifiant vous accueille, qui vous fait entrer sous la peau la saveur des espaces inaccessibles.

Nous arrivons enfin au terme de notre voyage, nous touchons au but de notre pèlerinage. Le voilà qui se dévoile sous la forme d'un simple écriteau de bois posé au bout du chemin, accroché de travers au bout d'une chaîne :

ONSEN
温泉

Onsen : le mot magique.

Onsen, qui signifie littéralement « fontaine douce », désigne en japonais un bain d'eau chaude naturelle, issue d'une source volcanique. Ils peuvent se trouver dans la nature, à ciel ouvert, entourés de bois, de galets et de singes, ou dérobés à la vue par un simple tissu de lin fendu en son milieu, au bout d'un mince chemin de pierres, à l'arrière d'une auberge. On y vient seul, entre amis ou en famille, pour un moment ou pour de longues heures – et on en ressort filtré, traversé par la douceur de l'eau, plus net, plus clair, plus vif et plus dispos, plus beau.

Onsen. Les deux syllabes sonnent, musicales et délicates. Pour qui connaît un peu le Japon, ce mot – paisible et lumineux comme le brouillard d'un matin d'hiver – fait tout de suite lever une nuée de plaisirs simples, une buée légère teintée d'un peu de sel et de soufre, une odeur verte de cuir tanné adoucie de notes boisées, le clapotis d'un corps sous une serviette chaude et le souffle retrouvé de votre propre respiration.

Dans un *onsen*, il n'y a rien à faire. Rien d'autre que de s'asseoir dans l'eau, ou de s'y allonger, et de regarder la cime des arbres : la dentelure d'une feuille, la courbe d'un buisson, la crête d'une futaie… Parfois, on peut y déguster un saké, qui arrive en flottant sur une barque de bois assortie de rectangles de glace pilée. Couleurs caressantes, parfums légers : certains bains sont tapissés d'aiguilles de pin, d'autres de pelures de mandarine, d'autres encore de fleurs d'oranger. C'est une immersion physique et métaphysique, un baptême discret, qui sent la branche de saule et l'huile de coudrier.

Éloignez-vous des prudes, qui ne veulent pas se dévêtir, mais aussi des obsédés qui ne peuvent penser à la nudité sans verser dans des fantasmagories de bas étage (au Japon, « la sexualité est dans le sexe, non ailleurs », disait Barthes très justement). Distinguez-vous aussi des blasés ou des sceptiques, qui ne croient pas que les dieux puissent parler au milieu des cailloux ou dans les reflets de l'eau bleutée. Fuyez surtout les soucieux, les surmenés, les suractifs. Tous ces gens sont ce qu'on pourrait appeler des oublieux de l'eau. Perpétuellement affairés, adeptes des bains bâclés, des toilettes accélérées, des douches précipitées, des ablutions expéditives ! Ils sont submergés de problèmes et se noient dans les tracas. Pour eux, la partie est déjà perdue : l'eau ne les touche plus.

Mais supposez un bel étang, rond et peu profond, avec de l'eau claire, dans un petit espace vert entouré d'une forêt dense. Une faible odeur de végétation s'en dégage, légèrement fumée, atténuée et comme sucrée par la vapeur qui monte de l'eau chaude. Le bois, la roche, le bain : c'est dans ce lieu, si simple et si subtil, que se condense pour un instant toute la douceur de l'existence et que s'évaporent, comme par miracle, les soucis et les ennuis.

À Hokkaidō, je me glisse dans le bain cinq à six fois par jour. « Ce n'est plus un être humain, me disent mes amis, c'est une truite, un castor, une loutre ! » Quelquefois, j'y emporte avec moi un livre. Un livre et un *onsen*. L'alliance rêvée. Les deux ont en partage une qualité qui va bien au-delà de la cure, au sens médical du terme : tous deux déploient un espace à la fois clos et ouvert, quasi magique, qui soigne et qui fortifie, qui révèle et qui apaise. Ouvrez un livre ! Plongez dans un *onsen* ! En quelques secondes, et malgré la médiocrité alentour, ils ouvrent puis ils replient autour de soi un territoire heureux et insolent. Qu'on soit malade ou bien portant, le bain est un talisman.

Le bain japonais : quel étrange secret s'y joue, qui nous concerne tous ? Où peut-on être ainsi à la fois nu et à l'air libre ? À l'autre bout du monde, seuls les grands peintres français peut-être l'ont senti avec tant d'acuité : Renoir, Cézanne, Matisse ont eux aussi fait l'éloge des baigneurs et des baigneuses. C'est un sujet pour ainsi dire clinique, une thérapie amphibie.

Il n'y a pas seulement là le constat banal – mais terriblement oublié – que la nature sait prendre soin de l'homme, et qu'il nous faut nous aussi, en retour, en prendre soin. Tout à coup, la fresque sociale se déchire, le monde reprend ses droits, dans sa sensualité intense et pourtant calme, dans la richesse de ses coloris et la variété de ses formes. C'est une sortie, une éclaircie hors de la démence ordinaire. Le paradis, d'ores et déjà le nirvana sur la terre ?

Surtout, l'homme y retrouve en même temps une nudité et une dignité. Dépouillé de tout, réduit à ce qu'il a de plus simple et de plus précieux – son corps, ses bras, ses membres, ses mains, ses doigts –, il y gagne simultanément une connexion profonde avec la nature et un réveil à soi. Ici, personne ne crie ou ne gesticule, les gens en reviennent à une posture – physiologique, corporelle, mais aussi mentale – qui n'est pas seulement celle de l'humilité mais aussi celle du guet. Attentif soudain à ce qui se trame, en nous et hors de nous, de plus profond, de plus ouvert, de plus intime. Partout ailleurs, dans les bains ou dans les piscines publiques, les gens ont souvent l'air de gros crapauds dans un baquet. On s'y reluque, on s'y toise. On s'y surveille et on s'y vole. On s'y invective et on s'y chamaille. Mais dans un bain japonais, loin des conjectures obscures où gesticulent des silhouettes d'hommes dans les rapines et la discorde, on laisse ses habits et toutes ses possessions matérielles au vestiaire sans aucune arrière-pensée. Puis, nu, à ciel et pour ainsi dire à cœur ouvert, on sort à l'air libre et on respire, on s'accorde avec les nuages, on ne fait plus qu'un avec le ciel.

Y retrouve-t-on la douceur fluviale du ventre de la mère, la tendresse paisible des premiers moments de la vie ? C'est possible. Naître, après tout, n'est rien d'autre que de passer de cet océan intérieur tiède et tempéré à la fureur de notre monde, d'être jeté brutalement dans le froid. Plus tard, un jour, on vous allongera à nouveau dans un cercueil ou dans un drap. Vous repasserez progressivement par la tiédeur, puis replongerez définitivement dans le froid. Mais pour l'heure, on s'avance, on s'assied, on s'installe, on se blottit dans le bassin, ami de la brume et du bain, on inspire profondément le bouquet des mousses toutes proches qui font courir leurs frissons sur la roche et, les yeux dans les cieux, on *coule* littéralement des jours heureux.

Olivier Jobard, photographe de l'exil

Aurélie Julia

Ils s'appellent Kingsley, Slah, Ghorban, Ahmed. Ils sont Camerounais, Tunisien, Afghan, Syrien. Un jour, remplis de rêves et d'espoir, ils décident de fuir leur pays en direction de l'Europe.

« Il paraît que les hélicoptères diffusent du parfum tous les matins au-dessus de la ville de Paris.

– Comme la pluie ?

– Oui, une pluie de parfum. Ils le diffusent sur toute la ville, mais on n'est pas trempé. Tu ne connais pas cette histoire ? (1) »

Après la traversée des déserts, des montagnes et des océans aux côtés de passeurs crapuleux, les illusions s'évanouissent.

« Tout ça pour vivre en Europe. Si j'avais su avant mon départ toutes les épreuves que je devais affronter, je ne serais peut-être jamais parti. Jamais je ne recommanderais à l'un de mes frères de suivre mon exemple. (2) »

D'autres surmontent moins douloureusement les épreuves, prêts à relever les défis d'une culture aux antipodes de la leur.

« Je ne suis plus une enfant, je dois construire ma vie. Je suis en France maintenant, c'est moi qui décide de mon avenir. (3) »

Les visages photographiés expriment la peine ou la joie. Les corps disent le désenchantement ou la détermination. Derrière chaque regard se devinent le courage et la force.

Personne n'a envie de quitter sa terre pour s'installer à des milliers de kilomètres de sa famille. Les adolescents ou les jeunes adultes qui tentent l'aventure ignorent s'ils reverront père ou mère. Ce qu'ils cherchent ? Olivier Jobard plonge dans ses réflexions. Le photographe refuse les généralités. Il sourit : « Revenir riche et plein de cadeaux, c'est souvent le fantasme des migrants dont je documente l'existence ! » Quelques secondes s'écoulent, puis il précise :

« Ils veulent évoluer, devenir une femme ou un homme respectable. Pour eux, seul le travail le permettra. Ils n'attendent pas d'aides, pas d'allocations – d'ailleurs l'assistance n'existe pas quand vous êtes sans-papiers. Le travail est la clé de la réussite, ils le savent, et je souhaite le montrer à travers mes photographies. J'essaye de présenter un angle positif de la migration. Quand les pouvoirs publics se mobilisent, l'intégration devient possible. Nous gagnons à accueillir les immigrés, ce sont des investissements à long terme. Les laisser se morfondre dans des espèces de sas est source de violence. Sans accueil, ils ne peuvent pas s'en sortir. La situation porte de la Chapelle à Paris est aberrante. Je ne pense pas que les épauler créera un appel d'air. »

La question est complexe et beaucoup ne se sentent pas concernés. L'objectif principal du photographe : susciter l'empathie en représentant avec dignité celles et ceux qui ont éprouvé la migration et l'exil. « Je ne suis pas un politique, ni un philosophe. J'ai même du mal à me considérer comme artiste, c'est dire… » Photojournaliste, alors ? « Oui, si vous tenez aux étiquettes ! »

Cet homme grand aux yeux bleus manifeste une spontanéité et une modestie peu communes. Son expérience dans la presse française et étrangère, ses prix comme ses bourses auraient pu gonfler son orgueil, il n'en est rien (4). Pendant vingt ans, Olivier Jobard a sillonné le monde. Il a couvert des conflits, des catastrophes naturelles et autres événements plus ou moins tragiques. Dans l'univers de l'actualité, l'image doit fournir des informations. Une bonne photo instruit, témoigne, alerte, renseigne. Le photographe veut s'éloigner de cette culture. Il souhaite inscrire son travail dans le temps et raconter des histoires individuelles ou uniques : grâce aux relations d'amitié qu'il noue, il s'approche au plus près du réel. Il aime accompagner ses images de citations ou de légendes qui traduisent une humeur, un vœu, un souvenir. Partout

Aurélie Julia est directrice de la *Revue des Deux Mondes*. Elle est l'auteur de *Frédéric Lachèvre (1855-1943). Un érudit à la découverte du XVIIe siècle libertin* (Honoré Champion, 2019).
ajulia@revuedesdeuxmondes.fr

surgit l'intime : ici des mains ridées et sèches tenant un bouquet de fleurs sauvages, là une jeune Afghane rayonnante éclaboussée par des vagues, plus loin quatre talibans aux fronts sévères installés devant de généreuses glaces roses. L'humour ou la joie transparaissent dans ces instants de vie. Et un profond intérêt pour l'autre : le photographe est en quête de rencontres et de dialogues, ce qui ne fut pas toujours le cas. Un épisode a été décisif dans sa carrière : la découverte du camp de réfugiés à Sangatte.

Le déclic

Nous sommes en 2000. Olivier Jobard répond à une commande d'un magazine féminin et se rend sur la Côte d'Opale. Sous un hangar, il découvre des exilés bosniaques, irakiens, tchétchènes. Ces nationalités ne lui sont pas inconnues : pendant dix ans, il a vu ces peuples en pleine guerre, appareil photo à la main. Assis au milieu d'eux dans des campements de fortune, il observe, parle, écoute. Des noms de villages lui sont familiers. Les yeux de ses interlocuteurs s'écarquillent. On lui demande des nouvelles du pays, on le presse d'interrogations. « Et la mosquée, elle est encore là ? Et mes parents, tu les as vus ? » Il se trouve face à des êtres humains, non face à des hordes anonymes comme ils apparaissaient souvent dans les médias. Ces échanges le bouleversent. De ce moment-clé date l'envie de comprendre les questions migratoires.

Il prend plusieurs fois la route de l'exil avec des migrants. Il patiente dans des cachettes nauséabondes, marche à travers des natures hostiles, chavire en pleine mer, mange des croûtons de pain sec imbibés d'eau sucrée, subit la virulence des militaires grecs, marocains, espagnols… Il veut ressentir les attentes et les craintes des clandestins. N'a-t-il jamais eu peur ?

« Je ne suis pas totalement fou. J'essaye de cadrer un peu les choses avant de partir, de prendre des précautions : j'avais par exemple caché une balise Argos quand nous naviguions sur des barques – c'est un système de localisation par satellite. Cela dit, je me suis demandé à maintes reprises ce que je fichais là, si je n'étais pas complètement débile ! Mais j'avais le sentiment de vivre des situations extraordinaires, délirantes. J'étais dans une sorte de fièvre. "Vas-y, prends des photos, donne ça à ton président Jacques Chirac", répétaient mes compagnons quand on frôlait un désastre ou qu'on partageait des repas immondes. »

Au début de chaque périple, le photographe fait preuve de discrétion. On le regarde, on s'en méfie. Il explique son travail : montrer ce qu'ils endurent. Les plus hésitants relâchent leur vigilance à la vue de ce gaillard sur un rafiot ou allongé à même le sol poussiéreux. Les clandestins souffrent d'abandon et de solitude. Qu'un Occidental s'intéresse à leur cas les interpelle. Olivier Jobard ne donne pas d'argent, ne promet rien : il partage les péripéties de héros invisibles et en porte témoignage.

L'aventure afghane

Le journaliste a multiplié les séjours en Afghanistan depuis les années quatre-vingt-dix. Il fourmille d'anecdotes sur ses pérégrinations : tout est imprévisible et inattendu là-bas. Un taliban lui refuse un permis de travail ? Qu'importe ! Il se dirige vers un autre bureau, sur les conseils de son accompagnateur, et obtient le précieux document. Ne cherchez pas la logique, elle n'existe pas. Ici, on se débrouille en contournant les difficultés, « en un mot, à l'afghane ! ».

Après la prise de Kaboul par les talibans en août 2021, les troupes américaines se retirent dans le chaos. Les conséquences ne se font pas attendre : Washington gèle des avoirs de la banque centrale du pays. La société civile, qui dépend du financement occidental, s'écroule comme un château de cartes. Le personnel employé par des instituts internationaux se retrouve du jour au lendemain au chômage. Les femmes sont les premières concernées. À la différence des villes, les villages s'en sortent mieux.

« Pendant vingt ans, l'ONU a versé des millions pour éradiquer la culture du pavot, sans résultat. Nous n'avons pas non plus réussi à établir la paix. Lorsque l'armée afghane affrontait les talibans, personne n'empruntait les routes de peur des embuscades. Aujourd'hui, l'armée a disparu, les talibans contrôlent tout. Ils gouvernent et se mettent à l'ouvrage. J'ai pu prendre un bus de Herat à Ghor, une route sublime qui longe le minaret de Djâm ; jusqu'en 2021, celle-ci était interdite. D'autres voies étaient impraticables car détériorées, elles sont maintenant refaites. Je ne suis pas un spécialiste ni un géopoliticien, mais ce que je lis dans nos journaux ne correspond pas à ce que je vois sur place : on n'y commente que le pire, ce qui n'aide pas le peuple afghan. Le pays fonctionne cahin-caha. Il faut le soutenir pour que la population ne meure pas de faim et pour essayer d'avoir une influence sur les travers fondamentalistes qui ont déjà ressurgi. Nous avons aussi besoin des talibans pour lutter contre l'État islamique, qu'ils combattent, gardons ça en tête. Les Russes et les Chinois l'ont compris, ils remplissent déjà le vide que nous avons laissé. »

Négocier avec l'ennemi pour conforter son pouvoir : ironique, n'est-ce pas ? Olivier Jobard se garde des affirmations et des jugements hâtifs. Il a croisé de jeunes recrues. Les militaires portent des armes et surveillent des checkpoints, mais ils sont Afghans avant d'être talibans, affirme-t-il. Ils n'ont pas voulu suivre les fondamentalistes qui tenaient leur région, ils n'ont cependant guère eu le choix. Ils ont envie d'apprendre l'anglais et de partir. La vérité n'est jamais simple ou évidente. Elle peut même surprendre. Le photographe se souvient de Fawad, qui s'était enfui pour éviter des représailles : les talibans étaient à ses trousses pour de sombres trafics de pétrole. Des milliers de kilomètres plus tard, il se retrouve en Allemagne. Six mois passent. Fawad attend toujours ses papiers. Il tourne en rond, cogite et culpabilise : il a menti à Olivier et le lui avoue. Ce ne sont pas les talibans mais l'amour qui l'a poussé à fuir. Amoureux fou de sa voisine, il s'était rendu à Dubaï pour gagner de l'argent. À son retour, il a appris le mariage de sa bien-aimée. Triste, honteux, il a tout abandonné derrière lui : il ne supportait pas la perspective de la revoir. « Les raisons de son départ m'ont beaucoup plus ému que sa fable sur le pétrole ! Elles touchaient l'universel. Sans la confiance, sans ces longs moments passés ensemble, il n'y aurait pas eu cet aveu qui nous unit davantage. »

Des liens presque familiaux se sont tissés avec ces personnes originaires des quatre coins du monde. Il y a de l'affection, des disputes, des reproches, comme dans toutes relations humaines. Il y a surtout du respect et de l'admiration.

« J'espère trouver le chemin de ma vie », déclare Ghorban, un Afghan aujourd'hui citoyen français. Et vous, Olivier, l'avez-vous trouvé ?

« Ouh là là... Une chose est sûre, j'ai besoin de l'autre pour apprendre et m'enrichir sur les plans intellectuel et humain. L'affect est source d'inspiration. C'est peut-être cela, ma voie... »

1. Claire Billet et Olivier Jobard, *Kotchok. Sur la route avec les migrants*, Robert Laffont, 2015, p. 62.
2. Olivier Jobard, Florence Saugues, *Kingsley, carnet de route d'un immigrant clandestin*, Marval, 2006, p. 155.
3. Olivier Jobard, *Notre famille afghane, souvenirs d'une vie envolée*, hors-série de la *Revue des Deux Mondes*, 2024.
4. Derniers prix reçus : en 2022, prix de photographie Marc Ladreit de Lacharrière-Académie des beaux-arts, et en 2023, prix du grand reportage de la SCAM au festival Vrai de Vrai. L'exposition « Notre famille afghane, souvenirs d'une vie envolée » se tiendra à l'Académie des beaux-arts, 23, quai de Conti, 75006 Paris, du 10 octobre au 24 novembre 2024.

Le Renard et La Fontaine : autoportrait

Judith Sibony

Si l'on en croit la belle préface d'André Versaille aux *Fables et contes* de La Fontaine, l'auteur de *La Cigale et la Fourmi* n'était pas un beau parleur. Selon certains de ses proches, il était même timide, voire mutique en société (1).

En outre, ce maître des Eaux et Forêts, pas même diplômé de l'Oratoire, n'était ni ambitieux ni calculateur, lui qui se mit à dos Louis XIV en 1662 alors que sa carrière n'était pas du tout faite. Voyant son mécène et ami Nicolas Fouquet, prestigieux intendant du roi, tomber en disgrâce du jour au lendemain, le poète n'hésita pas, en effet, à prendre ostensiblement sa défense, allant jusqu'à adresser une supplique en rimes au monarque, dont la jalousie envers Fouquet et l'intention de le laisser mourir en prison étaient pourtant évidentes…

Judith Sibony est écrivain, journaliste et réalisatrice.
judithsibony@gmail.com

La Fontaine est ainsi le seul grand auteur du XVIIe siècle à ne pas avoir été soutenu par le Roi-Soleil, conséquence financièrement désastreuse de son manque absolu d'opportunisme.

Enfin, loin de se mettre en avant, le poète a toujours présenté son œuvre majeure, les *Fables*, comme un simple jeu d'imitation, louant sans cesse la supériorité de ses modèles antiques et modernes.

A priori, si La Fontaine était un animal de ses fables, il ne serait donc certainement pas le rusé renard, qui joue toujours au plus fin. À moins qu'en relisant de près ses vers, on ne découvre que ce personnage n'est pas celui qu'on croit.

L'importance de ce dernier dans les douze livres mérite en tout cas qu'on s'y attarde : le renard est en effet le protagoniste principal des *Fables*, héros de vingt et un textes, loin devant le lion (dix-huit), le loup (seize), et l'âne (quatorze).

Moi qui ne fais, dans ces colonnes, que traquer les obsessions des écrivains pour dresser leur portrait, me voici bien obligée d'examiner de près cet animal. L'occasion de lire les fables comme on le fait rarement : à la manière d'un feuilleton dont les héros évoluent au fil du temps et des épreuves.

N'oublions pas qu'entre la publication du premier recueil en 1668 et celle du livre XII en 1694, il s'est passé plus d'un quart de siècle. Autrement dit, toute une tranche de vie s'est écoulée entre le fameux texte où le renard vole son fromage au corbeau en le flattant, et l'une des dernières fables, *Le Renard anglais*, où La Fontaine érige cet animal en modèle à la fois universel et fragile. Dans ce texte, pour éviter la horde, le goupil n'hésite pas à contrefaire le mort, feinte qui, selon La Fontaine, témoigne d'une chose noble et précieuse, « l'amour pour la vie ». La seule erreur de cet Anglais est d'avoir cru pouvoir duper deux fois le même chasseur. Au point d'y laisser sa peau – ce qui le rend, en passant, d'autant plus digne d'empathie.

Du rusé sans scrupule qui dévore le fromage d'autrui au sage qui meurt en dépit de son amour pour la vie, il y a tout un chemin, et je gage que celui-ci reflète un certain parcours de l'auteur lui-même. Entre insouciance et gravité. Entre plaisirs ludiques et sagesse discrète… Parcours d'ailleurs non linéaire, puisque dès les premiers textes, et si intelligent soit-il, le renard apprend à ses dépens que la vie n'est pas toujours légère.

C'est le cas dès le second volet de ses aventures, dans *Le Renard et la Cigogne*, qui forme un diptyque avec la fable du corbeau : face au quadrupède, on retrouve un volatile, mais contrairement à son camarade corvidé, l'échassier aura le dernier mot… et se gardera l'intégralité du repas. L'histoire est connue : après avoir été reçue sans pouvoir rien manger par le renard qui lui sert la soupe dans une assiette plate, la cigogne invite ce dernier à souper dans un vase où il ne peut rien laper.

« Il lui fallut à jeun retourner au logis,
Honteux comme un renard qu'une poule aurait pris »

Si le fait d'être piégé par une poule représente une déchéance absolue, notons bien que le renard la subira dès le milieu du livre II, où on le voit s'enfuir, terrorisé par un coq qu'il pensait pouvoir embobiner. À la fois dupe et objet de risée. « Car c'est double plaisir de tromper le trompeur. (2) »

Au livre suivant, pour trouver une cible qui n'aura pas raison de lui, il faudra que le renard tombe bien bas : littéralement, au fond d'un puits. Embarquant dans ce trou un camarade bouc aussi assoiffé que lui, il grimpe ensuite sur les cornes de celui-ci pour s'évader, abandonnant à son destin celui qui l'a pourtant aidé à s'en sortir. Non sans lui faire, dit La Fontaine, « un beau sermon » (3).

Car tel est, dès le départ, le point commun le plus clair entre le fabuliste et son animal à queue touffue : tous deux font la morale – ou la moralité. Rappelez-vous du texte matriciel : « Cette leçon vaut bien un fromage », disait le canidé au corbeau.

Le miroir du poète

Soit, mais à part cela, me direz-vous, dans ses péripéties contradictoires où le renard se montre tantôt ridiculement naïf, tantôt bassement impitoyable, où donc est l'autoportrait du poète ?

La réponse se trouve au cœur de ces contradictions, et La Fontaine le revendique lui-même à la fin d'une fable méconnue, *Le Loup plaidant contre le Renard par-devant le Singe*. Dans ce texte, le singe-arbitre décrète que loup et renard devront payer la même amende.

> « Car toi, Loup, tu te plains, quoiqu'on ne t'ait rien pris ;
> Et toi, Renard, as pris ce que l'on te demande. »

À la fin de cette histoire, La Fontaine fait une intervention tout à fait rare, en prose et en son nom, pour proclamer haut et fort son amour de la complexité :

> « Quelques personnes de bon sens ont cru que l'impossibilité et la contradiction qui est dans le jugement de ce singe était une chose à censurer ; mais *[...]* c'est en cela que consiste le bon mot, selon mon avis. »

De ce goût découlent les affinités profondes entre l'écrivain et son personnage le plus équivoque : coupable même lorsqu'il est innocent, donneur de leçons même lorsqu'il est immoral…

Or chemin faisant, à force de complexité, la sagesse du renard semble bel et bien grandir : dans *Le Renard et les Raisins* (4) et dans *Le Renard et le Buste* (5), ne perd-il pas toutes ses prérogatives d'animal trompeur pour devenir un pur *alter ego* de La Fontaine, commentateur avisé du monde comme il va (« fit-il pas mieux que de se plaindre ? ») et fin observateur des grands de ce monde (« Le Renard, au contraire, à fond les examine ») ?

Un peu plus tard, il apparaît sous un jour encore nouveau, teinté d'un comique charmant : vieux « Renard ayant la queue coupée » à la suite d'un mauvais piège, voilà que, pour ne pas perdre la face, il tente en vain de convaincre tous ses pairs de se la couper aussi.

« Prétendre ôter la queue eût été temps perdu ;
La mode en fut continuée. »

Fable superbe, notamment parce qu'elle démontre le contraire de ce qu'elle raconte : pour être légèrement castré, on n'en est pas moins renard…

Par la suite, à la toute fin du premier recueil, l'animal mettra son intelligence au service du corps collectif, ce qui complète à merveille son cheminement existentiel. Ainsi, dans *Le Renard, le Singe et les Animaux,* il démasque le singe qui croyait pouvoir usurper la couronne en faisant de jolies pirouettes.

« Prétendrais-tu nous gouverner encor,
Ne sachant pas te conduire toi-même ? »

Et dans *Le Lion malade et le Renard,* il avertit le groupe que le lion agonisant, sous couvert de dire adieu à ses sujets, pourrait bien en profiter pour les dévorer au passage :

« […] mais dans cet antre
Je vois fort bien comme l'on entre,
Et ne vois pas comme on en sort. »

Certes, son influence sera moins glorieuse dans le livre VII lorsque, parmi *Les Animaux malades de la peste,* il choisit de flatter de façon éhontée le roi des animaux.

« Eh bien, manger moutons, canaille, sotte espèce,
Est-ce un péché ? Non, non. Vous leur fîtes, Seigneur,
En les croquant beaucoup d'honneur. »

Tout le contraire d'un La Fontaine résistant à Louis XIV pour défendre Fouquet... Mais la rhétorique étant ici particulièrement grossière, on admettra aisément qu'elle est ironique.

Au milieu du livre VIII, dans *Le Lion, le Loup et le Renard,* on pourrait encore se choquer quand l'animal met sa verve au service d'une vengeance sanglante. Mais celle-ci ne sert-elle pas la justice ? Le loup avait cru pouvoir discréditer le renard aux yeux du lion, ce dernier aura donc sa peau (littéralement) en convainquant le roi de soigner ses douleurs de vieillesse avec sa fourrure.

« Vous ne manquez que de chaleur ;
Le long âge en vous l'a détruite :
D'un Loup écorché vif appliquez-vous la peau
Toute chaude et toute fumante ;
Le secret sans doute en est beau
Pour la nature défaillante.
Messire Loup vous servira,
S'il vous plaît, de robe de chambre. »

Efficacité aléatoire, sagesse dépourvue de la moindre prétention à la sagesse... Tel est notre renard, et tel est notre poète.

Mais c'est dans le douzième et dernier livre, publié un an avant sa mort, qu'on trouvera la fable où se reflètent le plus nettement l'animal et l'écrivain. Elle s'intitule *Le Loup et le Renard* et parle d'une des grandes obsessions du poète : l'imitation. Imitation au sens poétique : La Fontaine se prétend pâle imitateur d'auteurs plus forts que lui ; et au sens existentiel, le renard a décidé, dans cette histoire, d'imiter le loup. Un scénario dont La Fontaine s'empresse – comme par hasard – de dire qu'il n'est pas de lui :

« Ce qui m'étonne est qu'à huit ans
Un Prince en fable ait mis la chose,
Pendant que sous mes cheveux blancs
Je fabrique à force de temps
Des vers moins sensés que sa prose. »

Or toute l'aventure du renard consiste à découvrir que, malgré son intention affichée de jouer au loup pour pouvoir croquer des moutons, la première occasion le ramène à ce qu'il est vraiment – en l'occurrence : un chasseur de volailles.

« Il entendit chanter un Coq du voisinage.
Le disciple aussitôt droit au Coq s'en alla,
Jetant bas sa robe de classe,
Oubliant les brebis, les leçons, le régent,
Et courant d'un pas diligent.
Que sert-il qu'on se contrefasse ? »

Et le poète d'enchaîner, à propos de contrefaçon, sur son propre travail, en rendant à nouveau hommage au modèle (opportunément anonyme) dont il prétend s'être inspiré :

« De votre esprit, que nul autre n'égale,
Prince, ma Muse tient tout entier ce projet :
Vous m'avez donné le sujet,
Le dialogue, et la morale. »

Sauf que grâce au renard, on le sait désormais : suivre un modèle n'empêche pas d'exister pleinement. Avec son génie propre.

1. La Fontaine, *Fables et contes*, édition établie par André Versaille, Robert Laffont, coll. « Bouquins », 2017.
2. *Le Coq et le Renard*, livre II, fable 15. Notons que le combat entre le renard et les volatiles durera jusqu'au livre XII des fables : lorsque, dans *Le Loup et le Renard*, il abandonne son déguisement de loup et l'espoir de dévorer des agneaux, c'est simplement pour le plaisir de courir après un coq. Le dénouement de ce duel ancestral se jouera dans *Le Renard et les Poulets d'Inde*, où l'animal finit par avoir raison de la gent ailée, mais non sans s'épuiser à la tâche.
3. *Le Renard et le Bouc*, livre III, fable 5. Notons qu'au livre XI, le renard accomplira le même genre d'exploit avec son rival le plus crédible : le loup, qu'il convainc de sauter au fond d'un puits en lui faisant croire qu'il pourra y décrocher la lune, dont le reflet brillait en effet tout en bas.
4. *Le Renard et les Raisins*, livre III, fable 11.
5. *Le Renard et le Buste*, livre IV, fable 14.

« La chair est triste, hélas ! » Vers le secret de Mallarmé

Michel Brix

La récurrence des mots « pur » et « pureté », dans les discours où Mallarmé expose ses conceptions esthétiques, est un fait bien connu. Ces mots ne sont pas sans rappeler l'événement que certains ont appelé – dans la vie amoureuse du poète – le « drame de Londres ». En 1862, Mallarmé, alors âgé de 20 ans, fait la rencontre de Maria Gerhard, une gouvernante d'origine allemande. Le jeune homme en tombe amoureux. Devenu son amant, il l'emmène à Londres, où il espère que ses études anglicistes lui permettront de trouver rapidement un emploi. Mais ces attentes sont déçues et les jeunes gens se mettent à douter de l'avenir et à perdre confiance. Maria décide de quitter Londres et rentre en France.

Michel Brix est historien et critique littéraire. Dernier ouvrage publié : *Du classicisme au réalisme. Une histoire de la littérature française (XVII*[e] *– XXI*[e] *siècles)* (Kimé, 2021).
michel.brix58@gmail.com

Dans les lettres qui suivent le départ de sa compagne, Mallarmé exprime une culpabilité écrasante, démesurée : il se reproche d'avoir pris la virginité de Maria et d'avoir ainsi « empoisonné *[l]*a limpide existence » (1) de la jeune femme. À l'entendre, celle-ci est à présent morte, sinon de corps, en tout cas « de cœur », et transformée pour toujours en un objet de calomnie ; elle n'est plus que le « spectre » de ce qu'elle était avant de se donner à lui (2). Le souvenir de leurs relations charnelles couvre Mallarmé de remords : « Je pensais cette nuit à la mère de Mari*[a]*.

Comme cette morte, si les morts nous voient, doit me maudire d'avoir défloré son enfant et de la jeter avec les vieux bouquets. (3) » Pour se délivrer du poids de la culpabilité, le jeune homme exige que Maria revienne à Londres et se laisse épouser.

À la même époque, la honte voire la colère qu'inspirent à Mallarmé les relations sexuelles nourrissent aussi le poème *Les Fenêtres*, qui stigmatise en particulier le « rite » du devoir conjugal – que les hommes imposent aux femmes – et témoigne de la volonté affichée par le poète d'échapper, pour ce qui le concerne, à pareil déshonneur :

« *[…]*, pris du dégoût de l'homme à l'âme dure
Vautré dans le bonheur, où ses seuls appétits
Mangent, et qui s'entête à chercher cette ordure
Pour l'offrir à la femme allaitant ses petits,

Je fuis et je m'accroche à toutes les croisées
D'où l'on tourne l'épaule à la vie, et, béni,
Dans leur verre, lavé d'éternelles rosées,
Que dore le matin chaste de l'Infini

Je me mire et me vois ange ! [...]. (4) »

Ce dégoût pour la sexualité masculine poursuit Mallarmé jusqu'à l'âge adulte. En 1888, après avoir reçu un exemplaire du roman *L'Abbé Jules*, où Octave Mirbeau dépeint un personnage torturé par ses convoitises érotiques, Mallarmé remercie l'auteur en qualifiant l'abbé Jules de « douloureux camarade », qui « a remué en *[lui]* une tristesse éprouvée seulement devant ce qui est » (5).

Parallèlement, le poète évoque la possibilité d'échapper, par l'autoérotisme, à la fatalité des obsessions sexuelles masculines et à la déchéance qui en constitue l'aboutissement. Le poème en prose *L'Ecclésiastique* décrit la « chaste frénésie » d'un homme d'Église surpris en train de se livrer à un « solitaire exercice ». Revêtu de sa soutane, cet ecclésiastique, dit le texte, « est pour soi tout même sa femme » : l'autoérotisme permet aux individus masculins d'assouvir leurs désirs sans avoir ensuite à endosser la culpabilité liée à l'activité sexuelle, lorsque celle-ci « empoisonn*[e]* *[l]*a limpide existence » des femmes. Mallarmé, au reste, pourrait avoir été familier des pratiques solitaires, si l'on en juge par une lettre curieuse adressée en 1898 à Charles Guérin. Ce dernier, poète également, s'était avisé de demander à l'auteur d'*Hérodiade* de le conseiller relativement au titre d'un recueil de vers : Guérin craignait que l'intitulé « Le Jardinier solitaire » donnât à penser que le recueil s'identifiait à un traité sur l'onanisme. À quoi Mallarmé répliqua : « Bien sûr, on sourira ; *[...]* : on en est arrivé, aujourd'hui, à ne pas séparer du mot sublime en question *["solitaire"]* le dessein de se toucher secrètement, faute que reste autre chose à faire quand on est seul. (6) » L'auteur figure-t-il parmi ceux qui estiment qu'il ne reste pas « autre chose à faire quand on est seul » ?

Si on comprend bien, il n'est pas question de condamner le désir sexuel masculin en soi (l'activité fantasmatique et l'autoérotisme ne suscitent pas l'indignation du poète), mais bien de le rejeter quand les femmes se trouvent, par les hommes, forcées de participer à l'assouvissement des pulsions de ceux-ci.

Si Mallarmé supporte mal l'idée que les femmes se prêtent à un commerce charnel avec un homme (se laissant de la sorte « flétrir » et « salir »), il réprouve aussi le fait que celles-ci sont biologiquement constituées pour recevoir les assauts masculins et devenir mères. Il parle ainsi de la « misère *[sic]* » des règles :

> « la femme, ignoble, et vulgaire, trouve le summum de sa préoccupation dans ce qui est l'abjection de l'état féminin, passif et malade, destruction passive comme activement elle l'est pour nous, ses règles – qu'elle appelle "affaires" (7) »

Mais le poète peut échapper à toutes les « misères » qui constituent le funeste cortège du désir sexuel. Au demeurant, un écrivain est de toute façon contraint de prendre vis-à-vis de ces « misères » toute la distance possible, puisque, toujours à lire Mallarmé, le commerce charnel est incompatible avec la création littéraire. Évoquant l'absence d'inspiration qui l'accable, en 1864, l'auteur explique ce phénomène : « J'expie cruellement, par un réel abrutissement, *[...]*, le priapisme de ma jeunesse. (8) » Quelques années plus tôt – âgé de 17 ans seulement ! –, il avait formulé la même idée dans un de ses premiers poèmes :

> « *[...]*. La débauche aux seins nus
> Qui vend au prix de pleurs, hélas ! son fatal charme,
> [...]
> Fit de moi, me glaçant avant la fin du jour,
> Une fleur sans parfum, un cœur sans poésie ! (9) »

On trouve la même idée encore dans le sonnet *Angoisse*, qui rapproche la stérilité, chez la prostituée, et l'impuissance créatrice, chez le poète (« Car le Vice, rongeant ma native noblesse, / M'a comme toi *[la prostituée]* marqué de sa stérilité »), ainsi que dans *Brise marine*, où l'incipit (« La chair est triste, hélas ! ») trouve un écho dans l'évocation, non moins navrante, de « la clarté déserte de ma lampe / Sur le vide papier que la blancheur défend ». Comme le suggère le sonnet commençant par « Mes bouquins refermés sur le nom de Paphos », il est impératif, pour celui qui ambitionne de devenir poète, de préférer, aux seins réels des femmes de son temps, le « sein brûlé d'une antique amazone ».

Les thématiques de la honte (éprouvée par les hommes) et de la flétrissure (infligée aux femmes) constituent la toile de fond des poèmes de Mallarmé et se devinent aussi dans les présupposés des ambitions esthétiques formulées par l'auteur (où, comme on l'a suggéré déjà, l'exigence de « pureté » doit s'entendre surtout au sens de « chasteté »). Sont notamment inspirés par ces thématiques les poèmes inachevés *Hérodiade* et *L'Après-midi d'un faune*. Dans *Hérodiade*, il est question, d'une part, d'une jeune femme sensuelle qui danse, et d'autre part d'un homme, agité par la concupiscence, qui la regarde. Éprise de sa propre nudité, Hérodiade, vierge encore, et amoureuse de sa virginité, refuse d'être une « victime lamentable à son destin offerte », c'est-à-dire de se voir livrée à un homme ; hantée par « la frayeur secrète de la chair », elle vit dans l'angoisse d'être aperçue nue, d'être l'objet d'un baiser, ou, bien plus encore, de se trouver déflorée :

> « J'aime l'horreur d'être vierge et je veux
> Vivre parmi l'effroi que me font mes cheveux
> Pour, le soir, retirée en ma couche, reptile
> Inviolé, sentir en la chair inutile
> Le froid scintillement de ta pâle clarté,
> Toi qui te meurs, toi qui brûles de chasteté,
> Nuit blanche de glaçons et de neige cruelle ! »

Un baiser « tuerait » Hérodiade, qui veut rester hors d'atteinte des assauts masculins. En conséquence, la danseuse fuit Vénus et aspire à gagner un pays d'où aurait été bannie la déesse qui préside aux étreintes charnelles (« *[S]*ais-tu pas un pays / Où le sinistre ciel ait les regards haïs / De Vénus qui, le soir, brûle dans le feuillage ? »).

Quant au faune, qui se décrit comme « la proie / De *[s]*on désir torride », on le voit écartelé entre la poursuite des nymphes et la construction de fantasmes. Le viol qu'il a cru commettre sur deux nymphes a-t-il vraiment abouti (« J'avais des nymphes ! / Est-ce un songe ? ») ? En tout cas, son espoir est d'« enlever encore des ceintures ». Et son crime, « d'avoir, gai de vaincre ces peurs / Traîtresses, divisé la touffe échevelée / De baisers que les dieux gardaient si bien mêlée ».

Prisonnier d'obsessions qu'il lui est interdit, ou qu'il s'interdit, d'assouvir, le faune est l'équivalent du poète Mallarmé, dont l'œuvre est nourrie d'une myriade d'images érotiques éclatées. De la femme, les vers de Mallarmé évoquent la trace, l'évanescent souvenir (on se rappelle avoir croisé une nymphe, une sirène, une nixe...), les éléments du corps (chevelure, bouche, ongles, doigts, ventre, joue, paupières, front, pubis, seins...), les attributs (fard, diadèmes, éventail, bracelets, dentelle, vêtements de soie, parfums...) et les « bibelots » (vases, miroir, statuettes, lampes, rideaux...), pour suggérer que – ne se laissant jamais atteindre entièrement – la pureté féminine se trouve à l'abri de tout risque de flétrissure. La femme désirable échappe aux prises, et la main de l'homme rencontre vainement le « voile qui la ceint absente » (10), ou « le voile dernier qui toujours reste » (11).

Seule la ressource du voyeurisme demeure aux hommes : sous les textes de Mallarmé se devine à plusieurs reprises le poète voyeur, qui se manifeste notamment dans *Quelle soie aux baumes de temps* (« Moi, j'ai ta chevelure nue / Pour enfouir mes yeux contents »), dans *Petit Air. I* (où l'auteur, solitaire, observe furtivement une belle nageuse et fait part de sa « jubilation nue ») ou encore dans le poème en prose du *Nénuphar blanc*.

Ainsi, nulle poésie plus préoccupée de la chair que celle de Mallarmé (les mots à double entente y abondent : vierge, héros *[Éros]*, croupe, viole, glaive nu, mât, baves, écume, sein, ébat...) ; mais aussi nulle poésie chantant plus que la sienne la radicale interdiction de toute consommation du désir érotique : une poésie qui, au pied de la lettre, « *[a]*bolit le mât dévêtu » (12). Le rapport charnel, chez Mallarmé, c'est ce qui n'a pas lieu, ce qui n'a jamais lieu, et ce qui ne peut avoir lieu.

Exemplaire de cet effort pour établir entre les sexes – et grâce à la poésie – une sorte de chasteté essentielle, apparaît le célèbre *Don du poème* – à l'incipit fameux : « Je t'apporte l'enfant d'une nuit d'Idumée ! » La fusion de données issues de la kabbale permet à l'auteur de mettre en scène l'utopie hermaphrodite d'une humanité primordiale, qui aurait vu les rois d'Idumée, bisexués, se reproduire sans qu'interviennent les femmes. Ainsi, par analogie, le poème serait un enfant conçu dans la pureté de l'androgynie, et non dans la souillure du rapport charnel. La femme peut ensuite jouer son rôle de mère vis-à-vis de cet enfant issu du « vierge azur », dont elle est d'ailleurs la génératrice, puisque (sans avoir été l'amante du père) sa beauté a inspiré le poète et qu'elle a joué un rôle de muse. Mallarmé renchérit pareillement dans sa correspondance : « Le Poëte *[a]* sa femme dans sa pensée, et son enfant dans la Poësie. (13) »

Sous la plume de Mallarmé, la poésie devient l'allégorie de la virginité. À propos du sonnet en « -yx/ix/ixe », l'auteur confie : « *[...]* le sens, s'il *[le sonnet]* en a un (mais je me consolerais du contraire grâce à la dose de poësie qu'il renferme, ce me semble), est évoqué par un mirage interne des mots mêmes. (14) » Il est bien clair que Mallarmé donne la primeur, dans un texte, non au « sens », mais à la dose de « poësie » qu'il renferme : à partir du moment où le sens se dérobe (aucune paraphrase n'étant possible) et que seule demeure la « dose de poësie », cette dernière est en mesure de représenter la virginité inaccessible et inattaquable de la femme. L'incompréhensibilité des poèmes mallarméens et l'impossibilité d'y repérer un fil narratif forment la clé de voûte du projet esthétique de l'auteur : si l'on admet que le texte mallarméen offre un équivalent symbolique du corps féminin, alors le sens de ce texte ne pourra pas plus être dévoilé que la femme ne pourra être possédée charnellement. Dans un même élan, poésie et femme sont réputées pures, c'est-à-dire insaisissables. Les vers de Mallarmé ne sont pas obscurs, mais impénétrables et voulus tels. Toute nouvelle lecture de ces poésies, en échouant dans la tentative sans cesse recommencée de percer leur mystère, vient ainsi témoigner de la pureté inviolée/inviolable de l'Œuvre/Femme.

1. Stéphane Mallarmé, *Correspondance. 1854-1898*, édition de Bertrand Marchal, Gallimard, 2019, p. 78.
2. *Idem*, p. 63.
3. *Idem*, p. 65.
4. Stéphane Mallarmé, *Œuvres complètes*, tome I, édition de Bertrand Marchal, Gallimard, coll. « Bibliothèque de la Pléiade », 1998, p. 9-10.
5. Stéphane Mallarmé, *Correspondance. 1854-1898*, *op. cit.*, p. 689.
6. *Idem*, p. 1730 (c'est moi qui souligne).
7. *Idem*, p. 190.
8. *Idem*, p. 117.
9. Stéphane Mallarmé, *Œuvres complètes*, tome I, *op. cit.*, p. 219.
10. *Idem*, p. 39.
11. Stéphane Mallarmé, *Œuvres complètes*, tome II, édition de Bertrand Marchal, Gallimard, coll. « Bibliothèque de la Pléiade », 2003, p. 174.
12. Stéphane Mallarmé, *Œuvres complètes*, tome I, *op. cit.*, p. 44.
13. Stéphane Mallarmé, *Correspondance. 1854-1898*, *op. cit.*, p. 187.
14. *Idem*, p. 211.

ÉTUDES, REPORTAGES, RÉFLEXIONS

126 Benoist de Sinety, de vicaire général à simple curé
Christine Clerc

131 Éloge de la répétition
Catherine Van Offelen

138 Entretien avec Jean Borella. « Il n'y a de progrès infini que dans l'Infini »
Pauline de Préval

143 Mémoire traumatique et poutinisme
Pierre de Senarclens

Benoist de Sinety, de vicaire général à simple curé

Christine Clerc

Parfois, il exprime son inquiétude face au préjugé selon lequel les cathos optent pour la droite et les musulmans pour la gauche : « Jouer à ce jeu-là nous entraînerait ensemble sur un chemin très dangereux. » Mais c'est le visage souriant d'un homme de haute taille, aussi à l'aise dans la France populaire que parmi les stars, qu'évoque d'abord le nom de Benoist de Sinety, 56 ans, dit « le chouchou du Gotha » ou « le curé des VIP » car il fut, comme prêtre de Saint-Germain-des-Prés, celui du Tout-Paris. C'est lui qui officia lors des obsèques d'Alain Bashung, de Juliette Gréco, de Lise Toubon, l'épouse de l'ancien ministre chiraquien de la Culture, mais aussi de Johnny Hallyday, et plus récemment d'Hélène Carrère d'Encausse. La veille de son grand départ, la secrétaire perpétuelle de l'Académie française, âgée de 94 ans, l'avait appelé pour lui annoncer : « Je vais mourir demain. » Auparavant, le patron de LVMH, Bernard Arnault, l'avait prié de dire la messe de mariage de sa fille, Delphine. Le secrétaire général de l'Élysée du temps de François Hollande, Jean-Pierre Jouyet, qui fut aussi secrétaire d'État sous la présidence de Nicolas

Christine Clerc est journaliste. Dernier ouvrage publié : *Domenica la diabolique* (Éditions de l'Observatoire, 2021).

Sarkozy, lui avait demandé de célébrer le mariage de sa fille Inès. Le ministre de l'Économie et des Finances, Bruno Le Maire, qui le connut sur les bancs du collège jésuite parisien Saint-Louis-de-Gonzague et ne cessait de s'étonner qu'un « garçon si drôle » soit devenu prêtre, l'avait sollicité pour baptiser ses enfants. Sinety, le curé de Saint-Germain-des-Prés durant sept années, allait aussi, en 2019, accueillir le pape François devant la cathédrale de Panama, lors des Journées mondiales de la jeunesse, ce qui lui vaudrait, de la part du Saint-Père arrivé dans sa papamobile pour saluer les centaines de jeunes, ce compliment : « Je voudrais remercier le père de Sinety. » Quelques années plus tôt, l'archevêque de Paris, Mgr Jean-Marie Lustiger, dont il fut le secrétaire particulier après avoir été l'aumônier diocésain des Scouts et guides de France, demandait au jeune prêtre de l'accompagner à l'Élysée où il devait rencontrer Jacques Chirac. Sa photo n'était pas encore, à cette date, parue dans la presse. Dans un dîner parisien chez Caroline Pigozzi, plusieurs convives le reconnaissaient pourtant… avant de découvrir en partant que lui seul avait laissé sur la table le joli cadeau d'argenterie de leur hôtesse.

Johnny Hallyday allait le faire connaître dans le monde entier. Le 9 décembre 2017, sur la recommandation de Brigitte Macron et après avoir reçu dans son presbytère Laeticia et ses filles, mais aussi Laura Smet et David Hallyday, le père de Sinety va célébrer devant des milliers de fans les obsèques du chanteur. Un choc ! Après avoir assisté à la mise en bière de Johnny et béni sa dépouille, le prêtre arrive à l'église de la Madeleine par l'entrée arrière. Il pose son sac dans la sacristie, relit son homélie invitant les participants – au premier rang desquels l'ancien président Sarkozy, son successeur François Hollande et le président du Sénat, Gérard Larcher – à « aimer sans compter ». Il revêt sa robe blanche et sa chasuble pourpre, traverse l'église pour accueillir le président Macron et son épouse… et alors seulement découvre le spectacle de la rue Royale jusqu'à la Concorde, où des milliers de personnes pleurent dans le froid leur idole, en chantant « Que je t'aime ! ».

Du monde des stars à celui des immigrés

Quatre ans plus tard, en 2021, le curé vedette, qui se trouvait à la tête d'une véritable « petite entreprise » d'une douzaine de personnes à Saint-Germain-des-Prés et avait reçu pour tâches supplémentaires de l'archevêque la coordination des missions étudiantes catholiques en

Île-de-France et le suivi de la reconstruction de Notre-Dame de Paris, a choisi de devenir simple curé de paroisse à Lille. Il a découvert l'ancienne capitale industrielle du Nord, dont près d'un quart des 234 000 habitants vivent sous le seuil de pauvreté. Dès le premier mois, un dimanche, il y organisait une grande marche et un pique-nique pour faire connaissance avec ses nouveaux paroissiens. Alors que son « mandat » lillois vient d'être renouvelé, on le retrouve en 2024 en pull-over, assis, un gros chat gris ronronnant à ses pieds, dans un modeste salon du presbytère de Saint-Eubert, adossé à la grande église, à deux pas de la gare SNCF. Il parle des enfants de familles pauvres : « Pour s'en tirer, il faut être très intelligent, alors que les fils de la bourgeoisie… » Il parle aussi du flux continu d'arrivants – d'Afghanistan, du Pakistan, du Maghreb. Des mensonges recommandés par les passeurs (« tous Gazaouis »), qui les piègent, dès qu'on les interroge sur Gaza.

Des illusions qui les ont menés à dépenser toutes les économies de la famille et à risquer leur vie car « là-bas, en Afrique, ils croyaient qu'en Europe les attendaient des voitures de luxe et des filles nues »… De la honte qu'ils ressentent lorsqu'il leur faut raconter ça devant un jury d'inconnus et même avouer, en tremblant de tous leurs membres, comme ce réfugié kenyan, leur homosexualité. Des enfants qui vont à l'école mais « dorment dans des meublés d'une misère effrayante »… Des gamines de 16 ans, auxquelles on a fait miroiter une vie de star… avant qu'elles ne se retrouvent sur le trottoir… De « l'industrie gigantesque des passeurs ». De la préfecture, qui « fait tout pour retarder, de six mois en six mois, la reconnaissance de minorité des plus jeunes ». Mais aussi de la générosité des chrétiens et des autres, constatée chaque jour à Lille comme à Paris, où il avait réussi à monter une organisation capable de servir 5 000 repas par jour… et même, à l'appel d'un diacre de 93 ans, à trouver un logement en urgence pour trente prostituées… chez des religieuses ! Le tout est rapporté sans colère et parfois avec humour, et surtout avec la tenace volonté de dévoiler une réalité quotidienne que nous voulons ignorer.

Nous descendons au rez-de-chaussée, où j'ai souhaité voir le lieu d'hébergement des immigrés que le curé lillois a recueillis. Une vaste salle vide avec, dans l'entrée, une trentaine de sacs de couchage repliés et empilés. Dans un coin, une seule douche-lavabo, que Sinety est content d'avoir pu faire installer grâce aux dons de paroissiens. Il est midi. Les « locataires » sont absents : ils sont priés de partir chaque matin vers 8 heures pour le travail ou l'école et de ne pas revenir avant 19 heures pour le dîner, puis la nuit, passée sous la discrète surveillance d'un paroissien volontaire, car « certains ont gardé en eux des images d'une grande violence ». « On déploie beaucoup d'énergie à leur apprendre le français, plus un métier », dit-il. Mais si, au bout du compte, cela ne donne rien… Alors, c'est terrible. Il cite le cas d'Ibrahim, arrivé du Bangladesh à 16 ans, accueilli et scolarisé, bachelier à 20 ans. Bientôt titulaire d'une licence d'informatique, il avait été pris à l'essai dans un grand magasin. « Sympa, bosseur, attentionné, il semblait s'être bien intégré. Il a reçu une lettre d'un patron lui promettant de l'embaucher. Le ministère a toutefois refusé de lui accorder son visa car l'option choisie au bac ne correspondait pas à l'emploi proposé ! » La solidarité s'est manifestée : une paroissienne le loge. Un avocat a constitué son dossier. Mais il a fallu attendre des mois avant que la préfecture ne soit condamnée par le tribunal administratif à régulariser le jeune homme ! Celui-ci veut pourtant encore garder espoir. Au déjeuner de Noël organisé au presbytère, il est arrivé avec un cadeau : une tablette de chocolat… Mais combien d'autres, venus du Kenya, d'Afghanistan ou du Pakistan, « qu'ils ont fui pour ne pas se faire lapider », et qui ont fait l'effort de se lever très tôt pour suivre des études à l'autre bout de la ville, se retrouvent sans emploi digne et sans avenir ? Difficile, après avoir entendu ce témoignage, de reprocher à mon interlocuteur, comme j'avais pensé le faire, de ne pas se pencher davantage sur le sort de ces milliers de femmes qui, en France aujourd'hui, doivent élever seules leurs enfants avec de maigres salaires et ne peuvent s'occuper d'eux à la sortie de l'école. On sait bien que ce n'est pas de l'indifférence. Dans son deuxième ouvrage, *Il faut que des voix s'élèvent* (1), celui qui signait encore Mgr Benoist de Sinety exprimait des « préoccupations éloignées de celles d'un ecclésiastique mondain » en lançant un cri d'alarme sur la situation des migrants. Dans son *Lazare. Le ravi* (2), tout récemment paru, il imagine la vie de Lazare le débauché, « un jour mort, un jour revenu à la vie » après avoir rencontré Jésus-Christ et découvert le don de soi et l'amour du prochain. À travers le portrait des infatigables et généreuses Marthe et Marie-Madeleine, il manifeste son admiration pour leur courage. Mais un prêtre peut-il aujourd'hui se permettre d'évoquer plus longuement le sort des femmes sans susciter l'ironie, voire le soupçon ? Interrogeons-le plutôt sur les origines de sa « vocation ». À 18 ans, il est engagé dans le scoutisme et veut faire du journalisme de terrain. Mais il découvre que sa passion est de « parler de Dieu ». Il est ordonné en 1997 à l'âge de 29 ans et sa mère reçoit alors de quelques amis des lettres… de condoléances ! Déjà, il a beaucoup appris de l'hypocrisie des « croyants » et des autres. Il ne cessera d'en apprendre davantage, notamment lors de la « bataille d'ego » autour de la reconstruction de Notre-Dame de Paris. C'est ainsi qu'il finira en mars 2021 par quitter son poste prestigieux, en désaccord avec l'archevêque de Paris de l'époque, qu'il ne citera pas, mais dont on se souvient qu'il dut démissionner huit mois plus tard à la demande du pape François. Benoist de Sinety sait-il que certains lui prédisent aujourd'hui un avenir d'archevêque ? Il réagit vivement : « Je n'y crois pas un seul instant ! Cela ne fait partie ni de mes préoccupations ni de mes attentes ! »

1. Benoist de Sinety, *Il faut que des voix s'élèvent*, Flammarion, 2018.
2. Benoist de Sinety, *Lazare. Le ravi*, Éditions du Cerf, 2024.

Éloge de la répétition

Catherine Van Offelen

Notre époque entretient un rapport schizophrénique avec la répétition. D'un côté, nous vivons à l'ère de la reproduction des objets et des gestes. Partout dans le monde, l'homme de la modernité technico-marchande peut s'asseoir sur les mêmes sièges pour commander les mêmes articles en reproduisant les mêmes pratiques. Les principes du taylorisme et du fordisme au début du XXe siècle instituèrent la standardisation des formats, les pièces devant être compatibles les unes avec les autres pour être assemblées à l'identique. Ce trait est également au fondement de la culture numérique. Reproduire des contenus dans une langue binaire pour qu'ils puissent être consultés n'importe où et n'importe quand suppose que les interfaces soient toujours compatibles avec les fichiers à lire, parachevant le grand œuvre formel de la « civilisation du même ». Ainsi, équipé des mêmes logiciels et abreuvé des mêmes messages, un *Homo globalus identicus* apparaît. Il appartient désormais non pas à la même espèce mais, au sein de cette espèce, au même modèle.

Spécialiste des questions de sécurité et chroniqueuse littéraire, **Catherine Van Offelen** publie ses travaux de recherche dans des revues littéraires et géopolitiques européennes.
c.vanoffelen@gmail.com

De l'autre côté, et sans doute par tentative d'apporter un antidote à l'angoisse de l'uniforme, la modernité se caractérise aussi par un diktat de la nouveauté. L'exhortation permanente à l'innovation est devenue le mot d'ordre général. Politiquement, ce qui est nouveau sera vertueux. Jugeons des slogans de ces dernières décennies, toutes tendances confondues : « En marche », « vivement demain ! », « le changement, c'est maintenant ». Aucun parti ne se pénètre des ironiques alexandrins de Hugo dans *Les Contemplations* : « Vous dites : Où vas-tu ? Je l'ignore ; et j'y vais. » Dans la pensée moderne et déracinée, peu importe de savoir ce que l'on change. « Changer » ne s'affuble jamais d'un complément d'objet direct : changer quoi ? Le dogme se satisfait de l'infinitif puisque seule compte la volonté du mouvement.

Ainsi, l'esprit du temps appelle paradoxalement au renouvellement, à la variété et à la diversité perpétuelle alors que jamais le monde n'a produit de formes sociétales et individuelles aussi semblables.

Cette ambivalence se retrouve dans l'idée même de répétition. En principe, celle-ci semble n'avoir rien à dire. Elle paraît se cantonner à une égalité mathématique du type A = A ou au simple constat d'une récurrence donnée, comme les battements du cœur, le mouvement des vagues, l'alternance des jours et des saisons, les lundis matin. On l'associe à la routine, la lassitude, la chose à fuir. Dans la langue française, la répétition est fustigée comme une faute de style et l'adjectif « répétitif » ne peut être que péjoratif. C'est le beau vers (le seul retenu par la postérité) de Houdar de La Motte : « L'ennui naquit un jour de l'uniformité. »

La puissance de redondance peut en effet se scléroser en reproduction, voire en toc et en monomanie. C'est la répétition monotone, *ne varietur*, qui confine à l'épuisement (« je ne vais pas te le répéter cent fois ! »). On y voit les marronniers de la presse, les remakes, les ritournelles, les « moi président » de François Hollande, la loi des séries, la routine du métro-boulot-dodo. Elle semble aller à l'encontre de toute idée de génie et d'invention. « Qu'est-ce qui vous refroidit ? » demande Hans Ulrich Obrist à l'artiste Ai Weiwei : « La répétition. (1) »

Mais alors, pourquoi cette joie de l'individu au retour d'une vision ou d'un refrain ? Comment expliquer ce sentiment de grâce devant le rappel de motifs en architecture, l'*ostinato* en musique, les nymphéas de Monet ? La profonde unité visuelle de la ville de Paris n'est-elle pas liée à la récurrence du modèle haussmannien ? Que cherchent l'auteur, le pianiste ou le comédien lorsqu'ils (se) répètent ? Pourquoi Kierkegaard affirme-t-il que « la répétition rend l'homme heureux » (2) ? Pourquoi les strophes de Péguy envoûtent-elles l'âme comme si elles créaient un courant hypnotique et sonore de mots scandés, transformant la poésie en une sorte de prière rituelle ? La répétition peut prendre la valeur d'un rythme. Quand elle est solfiée, la redite devient rebond, la réplique devient symétrie et l'impression de déjà-vu devient plaisir de vision.

La répétition est foncièrement ambivalente. On la cherche et on la fuit. Elle agace et séduit. Elle est « ce qui enchaîne, mais *[...]* c'est elle aussi qui sauve et qui guérit » (3). Cette dualité est au cœur de la répétition. Il n'est pas de domaine où l'on ne puisse la retrouver : l'assumé ou le subi, l'ennui ou le sublime, la création ou l'addiction, Ravel ou le disque rayé. La chanson *Comme d'habitude*, interprétée par Claude François, révèle ce paradoxe : nous ne savons pas si elle décrit un amour ou une peine, un plaisir ou une souffrance. Et nul mieux que Proust, sans doute, n'a souligné ce double visage de l'habitude, à la fois « aménageuse habile » qui nous rend un lieu habitable, mais aussi force inquiétante qui a le pouvoir de nous rendre insensibles aux choses et aux êtres. Toujours, la répétition oscille entre ces deux visages de Janus : la perte et le salut. Comment, dès lors, distinguer la bonne de la mauvaise répétition, l'élan de l'enfermement ? Comment rendre vertueux le cercle vicieux ?

Un motif universel

L'homme vit dans la répétition des phénomènes, qu'ils soient cosmologiques, biologiques ou anthropologiques. Espérer lui échapper est aussi absurde que de vouloir ignorer la loi de la gravité. Elle est la catégorie sans laquelle le temps ne peut être pensé. C'est la rotation de la Terre sur elle-même et autour du Soleil qui règle le rythme des saisons, l'alternance du jour et de la nuit, la succession des heures. Elle touche à tout ce qui essaye de se prolonger, de persévérer dans son être, de survivre jusqu'à demain. Elle est, en somme, le rythme même de l'être, la pulsation du monde. « Au commencement était la répétition », écrit Genette (4). La Terre tourne. Qui se prétend lassé de cette rotation ?

Toutes les productions de la nature semblent d'ailleurs unies par une sorte d'analogie profonde. Dieu rabâche, constate Hugo (5). La nature écrit sous la dictée. Nous retrouvons dans la plume de l'oiseau la même nervure que dans la feuille de liseron, chez l'escargot la même spirale que dans la Voie lactée. Le nombre d'or régit la disposition des pétales autour du pistil autant que la ronde des constellations. Pythagore eut l'intuition de cette correspondance. Pour le mathématicien grec, le cosmos et le bios seraient orchestrés par les mêmes lois, traversés de la même onde. Les équations terrestres refléteraient les équations astrales. La répétition des phénomènes, au lieu de révéler une pauvreté, souligne l'arithmétique d'un monde en ordre.

Les grandes permanences de la nature tiennent en quelques lois, mais leur combinaison donne lieu à l'immense efflorescence du complexe. À partir d'un minuscule alphabet peuvent s'écrire mille romans différents. Il en va ainsi en génétique. L'ADN ne déploie-t-il pas à l'infini des séquences de seulement quatre nucléotides ? Avec une même langue, on peut créer *Voyage au bout de la nuit* et *Un amour de Swann* ; avec une même gamme de notes, du Chopin ou du Wagner ; avec les mêmes tentures, *La Dame à la licorne* ou la tapisserie de Bayeux. Les apparentes « digressions » ne cessent en réalité de réfléchir la lumière des mêmes principes fondamentaux.

Esthétiquement, la modernité occidentale avait cru rompre avec la répétition, ou, pour le dire autrement, avec la fidélité aux échos établis qui pulsaient depuis les cavités de l'Antiquité. Au XVIIIe siècle, le romantisme a cherché à se libérer des règles classiques de l'art (c'est-à-dire du classicisme), érigeant le spontané et l'originalité en vertus. Mais toute œuvre est traversée par ce que l'historien de l'art René Passeron (6) appelle des « répétitions intégrées » : intégration de techniques, de langages, de couleurs et d'icônes. Cette répétition engendre un style unique, une touche reconnaissable entre toutes (Van Gogh). « Trouver son geste » et « être original » vont même devenir des poncifs de l'art moderne. La quête de rupture n'échappe à un cercle que pour mieux s'inscrire dans un autre. Prétendre échapper à la répétition est le prétexte à l'affirmation d'un autre leitmotiv, tout aussi redondant.

La répétition est la « grande oubliée » (7). Pourtant, rien n'échappe à son empire. Son motif se confond avec celui de la boucle bouclée, enraciné au cœur des préoccupations humaines. Le but ultime d'Ulysse est de rentrer chez lui, tout simplement, quand celui de Pénélope est d'attendre ce retour, détricotant la nuit les mailles de l'étoffe qu'elle tricotait le jour. Le mythe d'un « âge d'or » auquel il faudrait revenir est peut-être aussi vieux que l'*Homo sapiens*. L'intuition nietzschéenne de l'éternel retour semble être la clef de voûte de l'édifice du monde (8).

Dès lors, si l'on ne peut s'y soustraire, comment transformer la répétition en un geste créateur et en un principe vivifiant ? Deux éléments au moins y contribuent : le juste rythme et la variation.

Magies du rythme

Existentiellement, la répétition est partout, et nous la goûtons souvent avec délices parce qu'elle fonde les minuscules rendez-vous sensibles avec les petites joies de la vie. Il y a quelque chose de vitalement jouissif à retrouver l'odeur du café le matin, à revoir apparaître les glorieuses journées de printemps, à revenir à ces endroits où l'on a aimé la vie. Deleuze constate que, si la tête est l'organe des échanges, le cœur est « l'organe amoureux de la répétition » (9). Toute répétition, au fond, tourne autour d'un désir. Le mot vient du latin *repetitio*, qui dérive de *petitio*, qui veut dire pétition, demande, requête, réclamation. Répéter, c'est re-demander, sans que rien n'étanche cette soif. « Encore » pourrait être un autre nom de la répétition.

La répétition implique une pulsation, une périodisation, une scansion, c'est-à-dire un rythme. Ce rythme est consubstantiel au plaisir que nous en tirons. « Trop souvent » provoque l'écœurement, « pas assez » conduit à la frustration. La juste fréquence est celle qui laisse le temps au désir de refleurir. C'est l'intervalle qui permet de sauver le « charme inexprimable des commencements » dont parle Molière. C'est ce répit, ni trop long ni trop court, qui fait savourer à nouveau la première gorgée de bière, « la seule qui compte » (10). Si ce qui est répété plaît (« *bis repetita placent* », écrit Horace), c'est d'abord parce que l'espacement fait ressurgir, intact, le frisson virginal. Alors, l'expérience inaugurale de jouissance est renouvelée, le cycle est relancé, la reprise devient régal. « J'irai revoir ma Normandie » ne sonne pas comme un pensum mais comme la promesse de retrouver ce qui a déjà été goûté.

Cultiver la joie à mesure que les années passent pourrait se ramener à cette délicate entreprise : s'offrir la chance de vivre des (re)commencements. Une étreinte ou un séjour dans une maison de vacances garderont leur fraîcheur s'ils sont savourés au juste rythme. Le mets le plus apprécié et raffiné, servi tous les jours, finira immanquablement par lasser. Dans la pesanteur des répétitions, l'espacement allège.

Le rythme est aussi le battement du cœur de l'art. Il est un principe central des théories esthétiques, puisqu'il aurait fondamentalement partie liée avec la beauté. Jakobson a montré que le poème, qui obéit au critère formel du retour à la ligne, est une tentative, aussi rudimentaire soit-elle, de mise en place de parallélismes (syllabiques, phoniques, rimiques, syntaxiques, etc.) (11). En architecture, le « rythme » d'une façade se réfère aux échos reliant les travées, les ouvertures et les ornements. Et que dire de la musique ? La quête du rythme trouve là son terrain d'élection. La musique est le langage qui mêle le passé au présent et le souvenir à l'anticipation. Elle ne cesse de répéter sans que jamais la répétition ne se fasse pourtant sentir. Sans l'équilibre du rythme, tout se réduirait à un bruit confus – et donc insignifiant.

Pour autant, il ne suffit pas : même porté à une cadence parfaite, le rythme reste un déterminisme. Il harmonise, rassure parfois, réjouit souvent, mais ne transforme pas. Dès lors, où trouver la puissance créatrice de la répétition ? La condition humaine resterait-elle placée sous le cycle de l'immuable, condamnée aux actes sans cesse recommencés, selon le constat fataliste de l'Ecclésiaste, « rien de nouveau sous le soleil » (12) ?

Répéter « à peu près »

Dans *L'Insoutenable Légèreté de l'être* de Kundera, Thomas se répète le proverbe allemand *einmal ist keinmal* (« une fois ne compte pas », « une fois, c'est jamais »). Le sillon doit être tracé continûment, il n'y a de valeur et de puissance que dans le nombre.

La répétition est par définition plurielle. Mais pour libérer une énergie créatrice, cette répétition ne doit pas être mécanique. Le retour à l'identique, *ad absurdam*, est sisyphéen. À quoi servirait l'effort répété s'il reproduisait toujours la même chose ? La violence qui reconduit à la violence, l'abandon à l'abandon, le désespoir au désespoir : la fidélité de certains schémas mentaux sert surtout à entretenir son propre malheur. Ce ressassement est stérile, comme dans un palais de glace où l'on ne cesserait de passer par la même porte. On peut mourir ainsi sans être arrivé nulle part.

C'est pourquoi répéter à nouveau doit, littéralement, introduire du nouveau sous couvert d'obéir à l'ancien. Ainsi de la rime : elle est bien répétition verbale, mais comprend la différence entre deux mots. L'artiste à l'œuvre ne juxtapose pas des figures strictement semblables, il combine chaque fois un élément avec un autre. Les fugues de Bach élaborent autour d'un thème unique un monde éblouissant de contrepoints, d'harmoniques ascendantes et descendantes, d'écarts et de compositions multiples. Le collectionneur lui-même ne cherche pas l'identique, mais le détail inhabituel et les particularités subtiles.

Dans « répéter à peu près », c'est donc le « à peu près » qui contient toute la puissance de la répétition. C'est dans cette fracture que la curiosité se dédouble, c'est dans cet interstice que se réfléchit le désir. C'est de cette béance que surgissent l'élévation et la complexification. À la raideur de la répétition comprise comme fixité rigide s'oppose donc l'insinuante souplesse de la variation. La première est statique, la seconde, dynamique. L'une est rabâchage, l'autre, création. L'identique ennuie, la déclinaison séduit. L'écho discrètement ménagé est source d'inattendu, de surprise, d'étonnement. Tout l'art consiste donc à être capable de « soutirer une différence à la répétition » (13). Seule cette différence permet d'inventer un ailleurs et de faire jaillir l'invention.

Le temps de la répétition n'est alors plus celui, horizontal, du ressassement et de la fixité, mais celui, vertical, de la profondeur et de l'exploration. À l'instar du musicien qui fait ses gammes sans relâche pour tendre vers le doigté le plus juste, le temps des répétitions devient, comme au théâtre, l'espace où tout est possible. C'est ainsi que, d'approfondissement en approfondissement, la répétition se mue en un processus de transformation majeur, un symbole printanier : celui de la source jaillissante, à la fois immémoriale et inaugurale, antique et future. Avec la variation, la répétition échappe à la servilité de l'identique. Elle ne cède pas davantage aux chimères du changement permanent. Ni prisonnière du même ni otage du nouveau. Elle devient, ô combien plus beau, le socle du re-nouveau.

1. Hans Ulrich Obrist, *Ai Weiwei Speaks*, Penguin Books, 2016, p. 100 (ma traduction).
2. Søren Kierkegaard, *La Répétition*, Payot & Rivages, 2003, p. 28.
3. Gilles Deleuze, *Différence et répétition*, PUF, 2011, p. 13.
4. Gérard Genette, *Figures IV*, Seuil, 1999, p. 101.
5. « Dieu fait un poème avec des variantes / Comme le vieil Homère il rabâche parfois », *in* Victor Hugo, *Les Contemplations*, Gallimard, 1967, p. 708.
6. René Passeron, *Création et répétition*, Clancier-Guénaud, 1982.
7. Emmanuelle Prak-Derrington, *Magies de la répétition*, ENS Éditions, 2021, p. 64.
8. « Tout passe et tout revient, éternellement tourne la roue de l'être », *in* Friedrich Nietzsche, *Ainsi parlait Zarathoustra*, Flammarion, 2006, traduit par Geneviève Bianquis, p. 272.
9. Gilles Deleuze, *Différence et répétition*, PUF, 2011, p. 20.
10. Philippe Delerm, *La Première Gorgée de bière et autres plaisirs minuscules*, Gallimard, 1997.
11. Pour Roman Jakobson, tout l'art de la poésie se ramène au principe du parallélisme. Voir *Questions de poétique*, Seuil, 1973.
12. « Ce qui a existé, c'est cela qui existera ; ce qui s'est fait, c'est cela qui se fera ; rien de nouveau sous le soleil. », L'Ecclésiaste, chapitre I, verset 9.
13. Gilles Deleuze, *Différence et répétition, op. cit.*, p. 107.

JEAN BORELLA

« Il n'y a de progrès infini que dans l'Infini »

propos recueillis par Pauline de Préval

Penseur majeur du christianisme et du monde moderne, situé à la même hauteur de vue que Simone Weil ou René Girard, Jean Borella a enseigné la métaphysique et l'histoire de la philosophie ancienne et médiévale à l'université de Nancy-II de 1977 à 1995. Marqué par la pensée de René Guénon ou de Frithjof Schuon avant de s'en éloigner, il a construit sa pensée dans un dialogue singulier, intempestif et suggestif avec Platon, Aristote et saint Paul.
Auteur d'essais qui ont fait date comme *Le Sens du surnaturel* (1984) et *L'Intelligence et la foi* (2018), sans oublier son maître ouvrage *La Crise du symbolisme religieux* (2009), il a publié récemment, à 93 ans, trois nouveaux recueils : *Tradition et modernité*, *Situation du catholicisme aujourd'hui* et *Symbolisme et métaphysique* (1). Rencontre avec un penseur « vertical ».

Revue des Deux Mondes – Emmanuel Todd évoquait récemment « le déclin de l'Occident ». Comment définiriez-vous l'Occident ? Quel fut son apport au monde et que pourrait-il encore lui apporter ?

Jean Borella Je ne me situe évidemment pas dans la même perspective qu'Emmanuel Todd, mais d'un point de vue chrétien – et pas du tout « zombie » –, je dirais que l'Occident, dont le nom vient du latin *occidere* (tuer), semble consacrer ses dernières forces à effacer de son visage les attestations de sa royauté. J'entends par là de sa destinée divine : « Dieu a fait l'homme pour que l'homme devienne Dieu », écrivait saint Irénée, et pendant des siècles, l'Occident a tenté de construire une civilisation qui orientait l'homme vers sa vocation surnaturelle. Depuis l'avènement de la modernité, tout est fait pour l'enfermer dans ses propres limites, dans ce que ses sens et son intelligence peuvent saisir du réel, et toutes les révolutions et les indignations appellent à détruire les principes sur lesquels la civilisation s'est fondée.

Vous rappelez ce mot de Talleyrand : « Appuyons-nous sur les principes, ils finiront bien par céder. »

Le monde moderne est né de cette certitude : il faut s'attaquer aux principes religieux, monarchiques ou sociaux en combattant les dogmes, les institutions et les hommes qui les représentent, et ce au nom d'un prétendu bien de l'humanité. Supprimons la religion : plus de guerres de religions, voire plus de guerre tout court ; supprimons la royauté : plus d'abus de pouvoir, etc. Tout le monde peut pourtant comprendre que ce qui dure depuis longtemps, sinon depuis toujours, est bon par cela même : en l'absence de lumières qui nous font défaut, tant la complexité du réel est indéfinie, ne reste que ce qui a fait ses preuves ! Posons-nous une simple question : notre civilisation telle qu'elle est peut-elle durer mille ans, mille ans de croissance économique, technologique et démographique ? La réponse est évidemment non. En matière d'organisation sociale, le seul critère qui vaille est celui de la durée et de la vie. Or jamais société ne s'est engagée sur des chemins nouveaux avec une telle insouciance, une telle ignorance des conséquences de ses actes.

Vous évoquez la « malédiction du progrès ». Est-elle définitive, selon vous ?

Presque tous nos contemporains s'imaginent plus intelligents que les hommes qui les ont précédés. « On n'arrête pas le progrès ! » est un de leurs slogans favoris. Mais la contradiction qui veut que le progrès soit un destin inévitable et un impératif les condamne à voir leur présent dévoré par le Moloch insatiable du futur et à n'être eux-mêmes que des déchets en sursis que le torrent de l'évolution rejettera sur les berges de l'histoire. Dans tous les domaines, on pense qu'il faut produire plus, plus vite et mieux, et consommer de même. Or le bon sens nous apprend que cela n'est pas possible, sauf à être dans la destruction de tout ce qui existe. Il serait temps de considérer qu'il n'y a de progrès infini que dans l'Infini et d'apprendre à « tomber vers le haut », comme le disait saint Augustin.

Vous dites que le progrès est la version laïcisée de la perfection en Dieu.

Le progressisme qui s'est imposé après la révolution scientifique des XVIe et XVIIe siècles puis la révolution politique de 1789 est, en effet, un travestissement humaniste de l'eschatologie chrétienne, c'est-à-dire de sa vue des fins dernières. Celle-ci ouvre l'histoire du monde sur l'attente du Royaume de Dieu. L'annonce et la promesse du Christ portent la vie des hommes au-dessus de tout espoir temporel : elles la redressent et la verticalisent. Elles la sauvent de son émiettement dans l'indéfinité du devenir. Dans une telle perspective, la montée de l'âme vers Dieu est appelée à ne pas connaître de terme. Mais ce n'est pas la voie sur laquelle nous sommes engagés.

Dans cette course au progrès, l'Occident semble pris entre technologisme à outrance et écologisme radical. Le christianisme a-t-il encore une voie spécifique à proposer ?

L'Occident impose au monde son outrance technologique, comme vous dites. Il y a outrance dans la mesure où l'immense majorité pense que la technologie permet de résoudre tous les problèmes. Or si elle peut en résoudre certains, elle ne peut les résoudre tous, et le croire condamnerait l'humanité à la mort. Cette outrance peut avoir des conséquences terribles sur le plan écologique. D'où l'inquiétude de nombre de nos contemporains. Mais l'écologisme en tant qu'idéologie n'est pas une solution non plus. Souvenons-nous qu'il y a quelque chose dans l'être de l'homme qui rompt avec l'horizontalité naturelle. « L'homme passe infiniment l'homme », écrivait Pascal, et la nature elle-même a une vocation surnaturelle. À la racine de tous nos maux se trouve l'oubli du sens du surnaturel qui nous ouvre à ce qui nous dépasse. La civilisation moderne ne veut voir que ce qu'elle voit et procède à une réduction, une incarcération. Ni l'homme ni le monde ne sont achevés en eux-mêmes et par eux-mêmes. Il n'y a pas d'état de pure nature, sauf en Dieu, au degré des idées éternelles. Même au paradis, il fallait que le jardin soit cultivé et que tous les êtres travaillent à se réaliser.

Dans *Un homme une femme au paradis* (2), vous évoquez plus particulièrement la vocation de chaque sexe. Que pensez-vous de la théorie du genre qui veut que l'identité sexuelle d'un être humain ne dépende pas de son sexe biologique, mais du ressenti subjectif de chacun ?

Il est incontestable que l'homme est un être culturel par nature, mais sa culture s'oppose moins à la nature qu'elle ne l'accomplit. De même que la nature est ce qui nous est donné, nous ne pouvons exister autrement que comme êtres sexués. « Homme et femme, il les créa », dit le livre de la Genèse. Nos déterminations sexuelles ne se réduisent pas à des déterminations physiologiques, mais structurent aussi notre comportement psychologique, notre tempérament, notre manière de vivre. Notre nature masculine ou féminine sera modulée par notre éducation de diverses manières, mais nous ne pouvons pas construire notre nature, comme nous ne pouvons pas construire le monde, sauf à les annihiler. C'est d'ailleurs ce que fait l'idéologie constructiviste moderne, car tant qu'il y aura une nature, la science se heurtera dans son projet technologique à un obstacle insurmontable : il y aura du mystère ou de l'inintelligible. Quand il s'agit d'édifices, ce n'est pas grave, mais quand il s'agit de l'homme, c'est différent.

Vous dites qu'on ne voit plus dans le corps humain « qu'une substance purement matérielle alors qu'il est le mode selon lequel la personne spirituelle est rendue présente au monde ».

Il y a en chacun d'entre nous quelque chose de surnaturel, une sorte de miracle qu'on ne trouve nulle part ailleurs dans le monde. Je m'étonne que si peu de gens aient conscience de cette dimension transcendante, de la noblesse incalculable de chaque être humain.

Quelle est la position de l'Église catholique au cœur de cette évolution ?

L'Église d'aujourd'hui n'a que trop intégré le fait que son existence ne serait tolérée que dans la mesure où elle adopterait une posture progressiste. Plus soucieuse de plaire au monde que de professer sa foi, elle évite soigneusement de heurter les incroyants, c'est-à-dire, aussi bien, les croyants conditionnés par deux siècles de terrorisme de type scientiste. Elle alimente ce que j'appelle un christianisme idéologique, qui n'est rien d'autre qu'un déisme humanitaire qui ne se distingue guère d'un athéisme vaguement religieux. Mais saint Paul ne disait-il pas : « Ne vous conformez pas au siècle présent, mais transformez-vous dans la nouveauté de l'intellect, afin que vous discerniez quelle est la volonté de Dieu » (Rm, XII, 2) ? Le seul avenir du christianisme, selon moi, est dans la réaffirmation de son altérité radicale. Il doit proclamer le Christ, rien que le Christ et tout le Christ.

Est-ce seulement possible ?

Pour le proclamer d'une manière qui soit à nouveau audible, il faudrait retrouver un esprit vierge, entièrement vierge. Il faudrait retrouver la même virginité spirituelle que Marie, la seule en qui la Parole puisse descendre et être entendue pour que sa révélation devienne une nouveauté à l'état pur. Ce serait cela, la vraie révolution !

1. Jean Borella, dirigés par Pierre-Marie Sigaud, *Tradition et modernité. La malédiction du progrès*, L'Harmattan, coll. « Théôria », 2023, *Situation du catholicisme aujourd'hui. Entre résistance et dissolution*, L'Harmattan, coll. « Théôria », 2023, *Symbolisme et métaphysique. Les interrogations de la philosophie*, L'Harmattan, coll. « Théôria », 2024.
2. Jean Borella, *Un homme une femme au paradis*, Ad Solem, 2008.

Mémoire traumatique et poutinisme

Pierre de Senarclens

Les tyrans ne vivent pas en solitaire. En Russie, Vladimir Poutine bénéficie du concours massif des gens qui le soutiennent. Parmi ceux-ci, mentionnons ceux qui font partie des organes de sécurité de son régime. Il y a en particulier le FSB (Service fédéral de sécurité), qui matraque, emprisonne et torture ses opposants, alors que les forces militaires poursuivent la guerre qu'il a engagée contre l'Ukraine, commettant toutes sortes de crimes à l'égard de la population civile de cet État, notamment en bombardant ses villes et ses villages. La société russe n'est pas en reste. Par conviction, connivence ou impuissance, sa majorité appuie le Kremlin ou ne contredit pas les châtiments collectifs qu'il impose à ceux qui font valoir leur droit à la liberté ou qui contestent le bien-fondé de la guerre en Ukraine. Il est vrai que les opposants à ce pouvoir sont assassinés, condamnés à la prison ou à l'exil.

Pierre de Senarclens est professeur honoraire de relations internationales à l'Université de Lausanne. Dernier ouvrage publié : *Des foules et du populisme. Au regard de l'histoire et des affects* (Campagne Première, 2024). pdes@bluewin.ch

Ce soutien et cette endurance à la tyrannie ont incontestablement une assise culturelle. Ils témoignent des séquelles du stalinisme, et plus en amont encore de l'héritage du tsarisme et du servage. En Russie comme ailleurs, on ne se débarrasse pas du passé, surtout lorsqu'il est marqué par l'expérience du totalitarisme. On peinerait à repérer en Russie des lieux de mémoire « édifiants », selon le modèle proposé dans les années quatre-vingt par Pierre Nora pour redonner sens à une histoire de France troublée par les tragédies du XXe siècle.

Reste la question du trauma collectif. Cette notion peut-elle contribuer à éclairer l'origine de la violence criminelle du régime de Poutine et l'ordre politique qui en résulte ? Suivant cette hypothèse, on devrait reconnaître que les traditions politiques et culturelles d'une collectivité nationale ne se résumeraient pas aux représentations conscientes transmises par les processus de socialisation conventionnels, mais comprendraient aussi les séquelles de vécus traumatiques qui n'ont pas été représentés, un héritage issu d'un passé plus ou moins lointain.

Du trauma individuel

L'idée de trace traumatique s'est imposée avant tout dans le registre de la psychologie clinique. La mémoire des individus est en effet chargée de réminiscences conscientes, mais parfois de blessures dont ils ne gardent pas de souvenirs, alors que ces dernières ne sont pas sans influence sur leurs croyances et leurs comportements. Ainsi, le névrosé manifestera des symptômes qui s'expriment dans une « contrainte de répétition », reflétant l'empreinte d'un passé lourd à supporter. C'est avant tout le cas des traumas infantiles précoces. Ils peuvent surgir d'une mère absente ou insuffisante, une réalité essentiellement subjective. Ils apparaissent avant l'acquisition du langage. L'enfant en bas âge n'a pas la capacité de se les représenter et de les symboliser. La remémoration éventuelle de ce trauma prendra la forme de comportements répétitifs, d'idées hallucinatoires, de fantasmes aliénants qui sont autant de manifestations de remémorations partielles du malaise originel. Les traces de cette réalité psychique ne correspondent pas nécessairement à un moment historique au sens strict du terme, mais aux affects et représentations que l'enfant a mobilisés lorsqu'il était confronté à un événement ou à des sensations qui l'ont débordé. Elles ne traduisent pas seulement l'origine de cette blessure, mais aussi les circonstances dans lesquelles leurs séquelles resurgissent, cet après-coup étant inséparable des changements psychiques que le sujet a connus dans son histoire. Un individu dépourvu de soutien affectif, dont les souffrances n'ont pas été reconnues, qui a été abandonné à la solitude, qui fut confronté à des sentiments de honte et au manque de reconnaissance de sa blessure, restera submergé par les réminiscences de son vécu traumatique. Cette réalité intrapsychique s'inscrit dans un environnement social, impliquant souvent d'autres membres de la famille ou des proches. Mais les traumas individuels peuvent aussi provenir d'événements historiques « réels ». Ce sont ceux des enfants dont l'univers s'effondre, lorsque leurs parents en situation de guerre sont dans l'incapacité d'assumer leurs fonctions protectrices primordiales, parce qu'ils sont paniqués, précipités dans la fuite de l'exode, blessés ou affamés.

Freud pensait que le temps de la remémoration nécessitait une certaine durée, correspondant au moins à la période de latence entre l'enfance et l'adolescence, s'imposant parfois plus tardivement encore, qui impliquait à la fois l'oubli et la manifestation protéiforme des conséquences du trauma. Il reconnaissait que les blessures psychologiques d'un individu étaient susceptibles de peser sur le destin de ses enfants et petits-enfants. On pense par association au destin des Atrides ou des descendants des rois de Thèbes dans la mythologie grecque.

Des blessures collectives

Freud refusait la notion d'inconscient collectif. Il était néanmoins convaincu que les découvertes de la psychanalyse étaient éclairantes pour comprendre ce qui relève de traumatismes affectant toute une communauté. Procédant par analogie, il a étendu aux mouvements de masse les découvertes qu'il avait faites dans le domaine de la psychologie individuelle, en particulier l'affrontement de l'autorité paternelle symbolisé par le complexe d'Œdipe, passage obligé du développement de la personnalité. Les sociétés ont pour origine un meurtre, celui qui a été commis par les enfants à l'encontre du père de la « horde primitive », celui qui entravait leur liberté par son pouvoir tyrannique. Après ce crime, il s'ensuit un processus de civilisation laborieux qui comprend l'instauration progressive d'institutions et de normes visant à brider les pulsions destructrices toujours à l'œuvre au sein de la fraternité rebelle. Dans *Totem et tabou* et *L'Homme Moïse et la religion monothéiste*, Freud a analysé le traumatisme que les sociétés héritent de leur rébellion violente, soulignant dans ce contexte l'existence dans la vie psychique des peuples de représentations et de symptômes de « cicatrices de refoulement » analogues à celles qui peuvent s'inscrire dans l'inconscient individuel (1).

Il voyait aussi dans certaines idées délirantes qu'elles s'approprient « un morceau de vérité oubliée » (2). Les sociétés sont portées à revivre par une compulsion de répétition d'anciennes expériences de tyrannicide, des situations traumatiques, partiellement refoulées, mais qui se reflètent dans des manifestations d'agressivité et de culpabilité. Les conditions ayant donné naissance à ce genre d'épisode traumatique sont à la fois oubliées pendant la période de latence et remémorées par la suite, partiellement, dans un retour du refoulé dont témoignent leurs traditions, leurs mythes et légendes inspirant leurs pratiques sociales.

Au temps de la Première Guerre mondiale, Freud s'est engagé dans une réflexion sur les événements tragiques dont il était témoin et s'est penché sur la problématique des « névroses traumatiques » dont souffraient des anciens combattants. Dans leurs rêves comme dans leurs actions, ils se retrouvaient confrontés aux réminiscences des violences qu'ils avaient commises et vécues, une mémoire qui était d'autant plus ingérable qu'elle ne pouvait être pleinement reconnue et assumée par leur propre entourage. Ainsi, les sociétés peuvent être confrontées à des événements qu'elles ne sont pas en mesure d'appréhender, parce qu'elles n'ont pas de représentations et d'expériences antérieures, ni de repères normatifs et institutionnels. Elles sont dépourvues d'assistance extérieure leur permettant de donner une signification aux tourments qu'elles ont endurés. Elles comprennent en leur sein des individus dépourvus de communauté capable de reconnaître leur souffrance.

L'exemple de l'Allemagne vient à l'esprit pour illustrer le poids de traumatismes collectifs au XXe siècle. L'article 231 du traité de Versailles affirmant la culpabilité collective de cette nation dans les horreurs de la Première Guerre mondiale ne fut jamais accepté par une partie de son opinion publique conservatrice et de ses élites dirigeantes, qui n'acceptaient pas l'effondrement de leur monde d'avant-guerre. Ce *Diktat* sous le sceau de la culpabilité s'imposa comme une sorte de mythe témoignant des humiliations, des souffrances et des deuils engendrés par la guerre, les conséquences de cette dernière contribuant au chaos politique et social de la République de Weimar. Il a nourri la volonté de revanche dont les milieux nationalistes, Hitler et les nazis tirèrent parti pour justifier leurs désirs d'agression et refaire la guerre.

Au terme de la Seconde Guerre mondiale, le traumatisme inhérent à l'expérience du IIIe Reich fut encore plus massif puisqu'il n'épargna personne dans les décombres de ce régime. Il était irreprésentable tant les destructions des villes, les exodes, les millions de pertes civiles et militaires étaient lourds à supporter. Après un temps de latence, la représentation de ces événements dans une grande part de la population allemande fut associée aux crimes contre l'humanité du IIIe Reich, avant tout aux camps de concentration et à l'extermination de millions de juifs, faits indissociables des engagements de la Wehrmacht et des SS dans les pays occupés. La mémoire de ces réalités fut mal assumée, mais dans les années soixante elle s'imposa au cœur des débats politiques, d'autant plus que la jeunesse était portée à se révolter contre leurs parents. Werner Bohleber, un psychanalyste allemand, a écrit :

> « Comme l'ont montré les traitements psychanalytiques des membres de cette génération, leur attachement émotionnel inconscient aux représentations parentales de leur petite enfance a maintes fois résisté à toute confrontation ultérieure avec l'implication des parents dans le national-socialisme. La représentation était souvent clivée en une image paternelle idéalisée de la petite enfance et une image du père compromis, qui avait assisté ou avait lui-même participé à des crimes. (3) »

Et pourtant, le traumatisme de la guerre et sa remémoration, associée au gouffre d'une lourde culpabilité collective, vont devenir une partie intégrante de l'histoire allemande et entraîner des discours et des actions de repentance officielle qu'aucune société européenne ayant participé de manière proche ou plus lointaine aux crimes du IIIe Reich n'a jusqu'alors aussi pleinement assumés.

La mémoire du stalinisme

La société russe pour sa part n'a pas connu sa *Stunde Null*, son heure zéro. Elle n'a jamais été en mesure de donner un sens aux horreurs que Staline lui a imposées, aux souffrances collectives indicibles que cette tyrannie a engendrées. Ces réalités psychiques étaient d'autant plus irreprésentables que l'idéologie et la propagande du Kremlin comportaient un discours de liberté, de paix et de progrès social. Les victimes du NKVD (Commissariat du peuple aux Affaires intérieures) étaient confrontées sans recours à la perversité de ce système totalitaire. Certaines d'entre elles gardaient d'anciennes espérances révolutionnaires et tendaient à accepter la torture, le Goulag et la mort comme un signe éventuel de leur culpabilité ou tout au moins comme l'expression d'une erreur administrative ou judiciaire. Le tyran avait fondamentalement raison et une rébellion meurtrière à son encontre était irreprésentable. On pense aux scènes de deuil massives qui accompagnèrent sa mort en 1953.

Ceux qui après la guerre furent libérés du Goulag, mais parfois aussi leurs enfants, ne furent plus capables de se reconnaître dans le discours sur l'histoire et la politique que les sphères dirigeantes défendaient. Ils restaient sans appui dans le gouffre d'une mémoire traumatique, ce qui impliquait le refoulement, la négation des souvenirs et le clivage. Ils avaient d'autant moins d'espace psychique pour comprendre et gérer leur malheur que les successeurs de Staline perpétuaient son régime de violence. Il n'y eut pas de période de latence, puisque la répression continua. De 1960 à 1991, 35 millions de peines de prison auraient été prononcées en URSS : une personne sur quatre aurait ainsi connu la détention, ce qui expliquerait que le vocabulaire de la pègre ait envahi l'espace public (4).

Avec la fin de la guerre froide, les nouveaux maîtres du Kremlin ne pouvaient même plus invoquer l'espérance d'un « avenir radieux ». Il n'y avait plus d'illusion crédible. L'empire se désintégrait et la société sombrait dans l'anarchie du grand banditisme. Ses dirigeants se révélaient incapables de manifester le repentir que la société allemande et ses autorités avaient finalement assumé. À ma connaissance, Catherine Merridale a écrit vers la fin des années quatre-vingt-dix le meilleur ouvrage sur les représentations du Goulag et de la mort associées au passé stalinien (5). Elle s'est néanmoins refusée en le concluant d'interpréter le fardeau de ce passé en termes psychanalytiques, rejetant la thèse d'un syndrome post-traumatique collectif pour caractériser l'évolution de la société russe.

Cette perspective est-elle encore défendable à la lumière des modes de répression massive engagés par le Kremlin d'aujourd'hui et du soutien dont il semble disposer ? Poutine s'emploie à distordre la mémoire de la période stalinienne et à refouler ce que la société russe en garde de représentations. Il a perpétué le mythe de la « Grande Guerre patriotique » sans ouvrir le débat sur des sacrifices de soldats et de civils liés à l'incompétence politique et stratégique de Staline, au sadisme de son système. Malgré cela, certains individus ont engagé des initiatives privées pour retrouver les traces des massacres commis par le NKVD sur les ordres du tyran. Ils ont repéré des sites dans les forêts ou près des camps recelant des restes des millions d'individus assassinés par son régime. L'organisation Mémorial s'est chargée de commémorer les victimes et de leur donner un nom, avant que Poutine n'interdise toute évocation de ce passé d'horreurs, en proscrivant cette ONG en décembre 2021, soit peu avant l'invasion de l'Ukraine, le 24 février 2022, justifiant cette mesure par l'invocation de la Grande Guerre patriotique, de la résistance aux ennemis extérieurs et de la grandeur de la Russie tsariste. Les témoins de ce passé traumatique ont été arrêtés, condamnés à l'exil et au silence, parfois à de longues peines de prison. Comme le dit l'un d'eux, interrogé par Svetlana Alexievitch : « Après Staline, chez nous, on ne voit plus la mort violente de la même façon… On se souvient des frères qui tuaient leurs frères… Des exécutions massives de gens qui ne savaient pourquoi on les assassinait… C'est resté chez nous, ça, c'est toujours présent dans notre vie. Nous avons grandi parmi des bourreaux et des victimes… » Il poursuit : « Quand on allume la télé, tout le monde parle la langue des truands : les hommes politiques, les hommes d'affaires, et… le président. (6) » En fait, Poutine a restauré un ordre politique caractérisé par l'empreinte d'une criminalité mafieuse, mais n'a pas été en mesure de construire un discours d'avenir, ce qui rend encore plus insupportables les traumatismes individuels et collectifs engendrés par l'époque stalinienne.

Les enfants qui ont été battus par leurs parents sont portés à reproduire cette violence sur leurs propres enfants. Qu'en est-il des sociétés martyrisées par leurs dirigeants ? Une chose est certaine : la mémoire profonde de ce qu'a vécu la société russe au cours de l'histoire soviétique est restée enfouie, interdite de recherche et d'explication. Les peuples de l'empire ont été laissés sans mythe porteur, alors que la conscience collective de cette tragédie n'a cessé d'être réprimée. En suivant les crimes de Poutine, la violence sadique de ses agents, en constatant la tolérance ou l'indifférence que suscite sa cruauté dans une partie de son opinion publique, il n'est pas absurde de penser que cette réalité maléfique est liée au mécanisme de répétition d'un passé qui ne passe pas. L'absence de reconnaissance de ce qui a eu lieu au temps de Staline et de ses successeurs pourrait être un élément d'explication des crimes de guerre et des pratiques génocidaires auxquels se livrent Poutine et ses séides, ainsi que de l'appui d'une partie de la société russe à la guerre en Ukraine.

1. Sigmund Freud, *L'Homme Moïse et la religion monothéiste*, Gallimard, Folio essais, 1986, p. 231.
2. *Idem*, p. 176.
3. Werner Bohleber, « Remémoration, traumatisme et mémoire collective. Le combat pour la remémoration en psychanalyse » in *Revue française de psychanalyse*, volume 71, n° 3, 2007, p. 803-830.
4. Galia Ackerman et Stéphane Courtois (dir.), *Le Livre noir de Vladimir Poutine*, Tempus, 2023, p. 48.
5. Catherine Merridale, *Night of Stone. Death and Memory in Twentieth-Century Russia*, Penguin Books, 2002.
6. Svetlana Alexievitch, *La Fin de l'homme rouge ou le temps du désenchantement*, Actes Sud, Babel, 2016, p. 54.

CRITIQUES

LIVRES

152 *Vade-mecum* pour un gouvernement
Annick Steta

154 Impostures, secrets et complots sous la IVe République
Olivier Cariguel

157 Montesquieu modérateur
Michel Delon

160 Préservons Kafka des « kafkolâtres »
Frédéric Verger

164 Yasmina Reza, unique et rock
Marin de Viry

166 Bible océanique
Christiane Rancé

169 Une saison en Lituanie
Yves Delafoy

171 Schopenhauer poète : révéler l'harmonie cachée
Céline Laurens

FILMS

174 Sévigné, Bonnard, Ravel : trois biopics et des faux pas
Richard Millet

MUSIQUE

177 Brahms et Dvořák
Olivier Bellamy

EXPOSITIONS

180 Gustave Caillebotte, un impressionniste à part
Stéphane Lambert

Livres
Vade-mecum pour un gouvernement
Annick Steta

Depuis plusieurs années, Jacques de Larosière s'inquiète publiquement du recul de l'économie française et, plus largement, du déclin de notre pays. La communauté économique et financière a accueilli ses analyses avec un vif intérêt. Il n'en va pas de même des gouvernements successifs, qui ont fait la sourde oreille. Faut-il que ces leçons soient dures à entendre ! Car il est difficile de réfuter les arguments qu'il a présentés dans plusieurs essais, tous publiés aux Éditions Odile Jacob. Sa compétence en matière économique est incontestable. Elle s'appuie sur une expérience inégalée, acquise depuis 1958 au plus haut niveau de l'administration française comme des institutions financières internationales. Jacques de Larosière a été directeur du Trésor, directeur général du Fonds monétaire international (FMI), gouverneur de la Banque de France et président de la Banque européenne pour la reconstruction et le développement. Il est le seul grand commis de l'État à avoir occupé l'ensemble de ces fonctions. Sa parfaite connaissance des rouages de l'administration financière et le recul dont il dispose lui permettent de livrer un diagnostic précis et sans concession.

Contrairement aux chantres du déclinisme, cet ennemi des exagérations rhétoriques exècre la déploration. L'objectif du livre qu'il vient de faire paraître est aussi simple qu'ambitieux : identifier les causes de la régression française et proposer des moyens d'y remédier sans porter atteinte à la cohésion nationale (1). Il offre ainsi un *vade-mecum* aux responsables politiques qui gouverneront la France lors des prochaines années.

Pour répondre à un problème, il faut reconnaître son existence. Selon Jacques de Larosière, les principaux problèmes que connaît notre pays sont soit absents du débat public, soit mal posés. Il appuie notamment son analyse sur la façon dont sont abordés trois phénomènes : la désindustrialisation, la dépendance aux importations et la détérioration des finances publiques. La gravité de ces différents maux est quasi systématiquement minorée par les responsables publics et les médias. Or chacun d'eux obère lourdement l'avenir du pays et de sa population. L'exemple de la désindustrialisation est particulièrement révélateur à cet égard. Lors du dernier quart de siècle, la France a perdu plus du tiers de sa capacité industrielle tandis que celle de l'Allemagne demeurait quasiment intacte. La concurrence des pays émergents à bas salaires ne suffit pas à expliquer le sort contrasté de ces deux voisins. En réalité, plusieurs facteurs se sont conjugués pour créer la situation actuelle. À l'opposé de l'Allemagne, qui s'est spécialisée dans la fabrication de produits haut de gamme, la France a opté pour des productions de bas ou de milieu de gamme plus fortement soumises à la concurrence des pays émergents. L'industrie allemande a par ailleurs mieux résisté à la tentation de la délocalisation que les entreprises manufacturières françaises. Celles-ci ont été handicapées par le poids des prélèvements obligatoires assis sur la production. Le manque de compétitivité de notre industrie contribue quant à lui à expliquer le déficit de la balance commerciale qui persiste depuis deux décennies. Ce déficit est devenu structurel sous l'effet du soutien apporté à la demande intérieure par la hausse incontrôlée et non financée des dépenses publiques ainsi que par l'expansion du crédit. L'emballement de la dette publique est la conséquence de la primauté que les gouvernements successifs ont accordée à la consommation des ménages depuis plus de quarante ans.

Bien que le déclin de la France soit préoccupant, il n'est pas irrémédiable. Pour Jacques de Larosière, l'assainissement des finances publiques est la clé du rétablissement de l'économie nationale. La remise en ordre qu'il appelle de ses vœux passe par une réduction significative des dépenses publiques, qui avoisinent 60 % du produit intérieur brut alors que la moyenne européenne n'excède pas 53 %. Le maintien de ces dépenses à leur niveau actuel nous priverait en effet de la possibilité de diminuer les prélèvements obligatoires et de restaurer ainsi la compétitivité des entreprises. L'ancien directeur général du FMI évalue à 200 milliards d'euros par an sur une période de dix ans l'effort de réduction des dépenses publiques à consentir pour les ramener à la moyenne européenne. Il propose pour y parvenir un plan d'action reposant sur cinq types de mesures : le passage à 64 ans de l'âge légal de départ à la retraite (25 milliards d'euros), des économies de gestion sur les dépenses de fonctionnement hors salaires (11 milliards), le non-remplacement pendant dix ans d'une partie des fonctionnaires partant à la retraite (75 milliards), des économies identifiées grâce à l'examen des dépenses reconduites automatiquement d'une année à l'autre (42 milliards), et la suppression des « niches fiscales » injustifiées (45 milliards).

Ce plan d'action montre qu'il est possible de réduire la dépense publique sans toucher au cœur de notre modèle social. Mais « possible » ne signifie pas « facile ». La France se dotera-t-elle, lors des mois et des années à venir, de gouvernements suffisamment responsables et courageux pour emprunter la voie tracée par Jacques de Larosière ?

1. Jacques de Larosière, *Le Déclin français est-il réversible ?*, Odile Jacob, 2024.

Livres

Impostures, secrets et complots sous la IVe République

Olivier Cariguel

L'historien Éric Branca n'aime rien de moins que se glisser dans les interstices de l'histoire. C'est à la confluence de zones grises, à l'écart de l'historiographie dominante qu'il ressuscite une série d'événements perdus de vue ou les faits et gestes, plus ou moins enfouis, de personnages historiques. Et qu'il n'est pas toujours plaisant de voir resurgir. Au fond, il est familier avec tout ce qui est inavouable, sans jamais céder à la facilité de l'anecdote ni dévaler la pente du sensationnalisme à peu de frais. Explorateur du passé, il choisit toujours un angle d'attaque qui promet son lot de révélations documentées, étayées. Les titres de ses derniers ouvrages sont explicites : *L'Aigle et le léopard. Les liaisons dangereuses entre l'Angleterre et le IIIe Reich*, publié l'an dernier, *Le Roman des damnés. Ces nazis au service des vainqueurs après 1945*, paru en 2021, ou alors *Les Entretiens oubliés d'Hitler. 1923-1940. « On m'insulte en répétant que je veux faire la guerre »*, un recueil sorti en 2019 qui remettait à flot des interviews soigneusement exhumées.

La République des imposteurs (1), qui emprunte ce sillage, remue les mêmes eaux troubles. L'auteur dessine une « chronique indiscrète de la France d'après-guerre » de 1944 à 1954 en « se consacrant aux parcours sinueux de ceux qui se faufilent entre deux mondes ». Il ne traite que « de personnages ignorés ou oubliés du grand public », voire d'un public peu ou prou savant. Les itinéraires de ces individus, extirpés du « pandémonium de la collaboration », en disent « plus long que ceux des figures de proue de l'époque sur les pathologies d'une société française écorchée vive par quatre années d'Occupation ». Ils sont à l'origine d'une multitude d'affaires et de complots nourris par la psychose d'une insurrection armée (2), passés à la trappe, qui sont « le corollaire d'un délitement généralisé de l'État républicain ».

Le procès contre la IVe République avait été instruit par Michel Debré dans son célèbre pamphlet *Ces princes qui nous gouvernent* (1957). Aux yeux du futur rédacteur de la Constitution de la Ve, le régime au bord du collapsus s'était originellement construit sur le mensonge, qui était l'« autre face de l'imposture » pour Éric Branca. Il y a donc une logique, le ver était dans le fruit. Les imposteurs ont deux talents : tromper les autres sur leurs intentions et mentir sur leur identité. La facilité avec laquelle certains passent entre les mailles du filet est déconcertante. Parmi les nombreux exemples cités par Éric Branca, on a été frappé par des « itinéraires stupéfiants », riches en évasions, parfois répétées. L'ancien directeur des Renseignements généraux du Finistère, Henri Soutif, avait envoyé des dizaines de patriotes à la mort. À la Libération, il réapparaît sous le nom de capitaine Simonin. Il participe même à l'arrestation du docteur Petiot. Siégeant dans des comités d'épuration, il envoie à la tonte des femmes accusées de collaboration horizontale. Mais repéré, il est incarcéré dans son département d'origine, où il se fait la belle. Repris et transféré à Paris, il parvient à s'échapper une seconde fois. Il se recycle en écrivant dans une feuille d'anciens combattants financée par une antenne de la CIA. L'obstination paie cependant et il est traduit en justice, accusé de complot contre la sûreté de l'État. Grâce au talent de son avocat, Jean-Louis Tixier-Vignancour, toutes ses condamnations sont annulées. Comment cette opération de blanchiment s'explique-t-elle ? Des complicités secrètes ont évidemment joué, ainsi que le contexte de la guerre froide polarisée par la menace d'une subversion communiste.

D'autres imposteurs, faux résistants, vrais collabos, sont passés au scanner, comme Georges Dubosc, alias Lecoz. Il eut trois vies. Multirécidiviste, il est d'abord initié au cambriolage par son père, un repris de justice. Confié à 13 ans à l'Assistance publique, il ne se détourne pas de la délinquance. Emprisonné pour l'assassinat d'un bijoutier fin 1940, il est approché par un faux détenu allemand, qui est un agent chargé de recruter des indicateurs. Marché conclu, le malfrat gagne l'air libre et la destruction de son dossier ! Devenu un auxiliaire de la Gestapo, il traque les résistants et poursuit en même temps ses effractions. Le coffre-fort d'un bureau de la Gestapo exerce une attraction si forte qu'il le casse ! Ce qui lui vaut d'être envoyé à l'ombre. Après avoir réussi à s'enfuir, il s'invente une nouvelle vie de résistant pourchassé par ses anciens maîtres nazis. Ayant rejoint la clandestinité, le voici revenu près de Tours, à la tête d'un maquis fort d'une centaine d'hommes, en juin 1944. Se croyant intouchable, il mène des opérations de libération imprudentes, accompagnées de rapines, de viols dans le château où il vit en satrape. Après de nouveaux rebondissements, ce chef d'un « maquis noir » dédié à l'extorsion sera arrêté puis exécuté fin 1945.

Au-delà de ces parcours romanesques, l'auteur a identifié un phénomène de duplicité répandu en consultant des archives inédites du Rassemblement du peuple français créé par le général de Gaulle en 1947. Alertés par des soupçons grandissants sur des adhérents, ses responsables menèrent des enquêtes internes pour contrer l'infiltration du mouvement par d'anciens collaborateurs, en sollicitant tous leurs contacts pour éliminer les brebis galeuses. La synthèse d'Éric Branca sur des hommes de l'ombre nuance le récit de l'ardente reconstruction après-guerre, en dévoilant des failles originelles qui conduiront la IVe République à disparaître.

1. Éric Branca, *La République des imposteurs. Chronique indiscrète de la France d'après-guerre. 1944-1954*, Perrin.
2. Comme le « Plan bleu », le plan « Rose des vents » ou le « complot de la Pentecôte ». Voir le chapitre IV « Comploteurs et complotistes » sur ce phénomène attisé par une peur réciproque des Américains et des Russes.

Livres
Montesquieu modérateur
Michel Delon

On associe spontanément le nom de Jean Starobinski (1920-2019) à celui du citoyen de Genève auquel il a consacré ses grands livres, *La Transparence et l'obstacle* en 1957 puis *Accuser et séduire* plus d'un demi-siècle plus tard ; c'est pourtant Montesquieu qui fut l'objet de son premier essai. Durant les années d'après-guerre, le jeune Starobinski, qui s'était vu refuser la nationalité par la Suisse où il était né et où il résidait, achevait ses études de médecine et entamait celles de lettres. Pas plus que les autres philosophes des Lumières, Montesquieu n'avait échappé aux opérations de récupération de la part de Vichy et de la collaboration. Bernard Grasset avait édité en 1941 des *Cahiers* de Montesquieu alors seulement connus de quelques spécialistes où il voyait la promesse d'un ordre nouveau en train de s'établir en Europe. En réponse, dans une collection publiée à Fribourg, « Le Cri de la France », défendant les valeurs humanistes, Marcel Raymond, professeur à l'université de Genève, donnait en 1943 un *Montesquieu* soucieux de liberté. En 1953, Starobinski, assistant de Marcel Raymond, compose à son tour un *Montesquieu* pour une nouvelle collection lancée par les Éditions du Seuil, « Écrivains de toujours ». Cherchant à renouveler le canon et à débarrasser les classiques de tout conformisme pédagogique, Francis Jeanson, directeur de la collection, parle de Montaigne, Claude Mauriac de Proust, Roger Vailland de Laclos, Roland Barthes de Michelet. Et Jean Starobinski de Montesquieu.

Il constate que les idées de Montesquieu peuvent être tirées à hue et à dia, citées par les révolutionnaires de 1789 aussi bien que par les « restaurateurs » de 1815 qui rétablissent une chambre des pairs. Sa « leçon d'intelligence historique » n'a rien d'un programme politique. Elle s'impose par l'ampleur de l'enquête et par le goût des « nuances des choses ». Le président à mortier du parlement de Bordeaux a dévoré des bibliothèques, sans perdre le sens des réalités concrètes. Il arpente ses vignes avant de voyager à travers l'Europe. Il ne confond pas plus la monarchie avec l'absolutisme de Louis XIV que la religion avec les mœurs du clergé. Comme son compatriote Montaigne, il sait « occuper les mi-distances sans se laisser gagner par la médiocrité ». La modération qu'il pratique n'est pas « une vertu de rétrécissement ». Dans cette formule, on reconnaît le style de Starobinski qui rappelle la frappe de celui qu'il analyse. La modération pour le moraliste est la retenue, pour le juge un adoucissement de la peine et pour le penseur politique une composition de forces antagonistes : une force modérée n'est pas une force amoindrie, mais « maintenue dans certaines limites par d'autres forces ». Montesquieu, qui a lu Newton, conçoit la vie collective comme un jeu d'action et de réaction, et il donne un sens nouveau au mot *pondération* qui désignait le poids, l'attraction, et qui prend le sens de balancement, d'équilibre dans son *Essai sur le goût*. L'âme, explique-t-il, « aime la symétrie, mais elle aime aussi les contrastes ».

L'expression concerne le jugement esthétique, elle ne s'applique pas moins aux gouvernements. Elle évoque la Régence et ce premier XVIIIe siècle durant lequel Montesquieu lance les *Lettres persanes* : l'ordre classique y est concurrencé par la mode rocaille et les plans symétriques rompus par les lignes serpentines, par des effets de surprise. L'évidence morale, qui vaut pour tous les temps, tous les hommes, ne peut réduire la diversité des mœurs selon les pays et les climats. D'un côté, l'uniformité est célébrée comme la règle d'or de la Création, l'unité du projet divin, sur le modèle de la mécanique céleste. De l'autre, la réalité du monde est faite de variété ; les climats chauds et froids ont façonné différemment les êtres, l'histoire propre à chaque peuple a marqué sa physionomie, et l'uniformisation risque de devenir dangereuse. On comprend qu'un tel souci de respecter la spécificité de chaque nation ait choqué les révolutionnaires épris de poids et mesures identiques à travers le monde et de droits de l'homme universels. Montesquieu ne serait-il qu'un conservateur, prêt à perpétuer les préjugés et les abus au nom de la tradition ? *De l'esprit des lois* entend décrire ce qui est et montrer la logique de lois qui semblent à première vue hétéroclites et contradictoires. Cette vaste synthèse cherche l'unité à travers le fouillis des pratiques, elle associe la postulation religieuse d'un ordre universel et le respect sociologique de ce qui est dans le plus complet désordre. L'équilibre entre l'uniformité et la différence est à trouver dans un jeu de pouvoirs concurrents. La leçon de Montesquieu se trouve moins dans l'ancienne triade des régimes (populaire, aristocratique et monarchique) que dans celle des pouvoirs (législatif, exécutif et juridique), qui doivent être soigneusement distincts, le législatif lui-même étant séparé entre chambre haute et chambre basse.

Le grand mérite de la réédition (1), présentée par Martin Rueff, auquel on doit déjà la riche anthologie des textes de Jean Starobinski dans la collection « Quarto », *La Beauté du monde* (2), est de restituer le palimpseste d'un essai composé dans l'après-guerre, publié en 1953 et réécrit en 1994. Entre-temps, l'étudiant, considéré comme polonais par les autorités, est devenu citoyen helvétique, professeur reconnu et applaudi, essayiste surchargé de prix et d'honneurs. Dès 1953, il marquait l'opposition entre un Montesquieu attentif à séparer loi politique et loi religieuse et un Jean-Jacques Rousseau tenté par une religion civile. Celui-là insiste sur la séparation des pouvoirs alors que celui-ci rêve d'une volonté générale qui unifie l'espace social. Dans sa première mouture, l'essai s'achevait sur l'image d'un brasier allumé par l'auteur de *L'Esprit des lois* : « S'il demandait qu'on ne touche aux lois que d'une main tremblante, il a enseigné qu'il y avait quelque chose à faire en faveur de la justice *[...]* Le feu a pris, gaiement ; il a répandu une grande lumière. Il a brûlé tout ce qu'il y avait à brûler, et même davantage. Il nous éclaire encore... » Se relisant quarante ans plus tard, Starobinski a jugé cette conclusion « flamboyante et fausse ». Il a préféré rappeler la double exigence d'une lutte pour l'égalité et la liberté et d'une meilleure compréhension des sociétés. « Il faut continuer à chercher dans la direction indiquée par Montesquieu. Il faut demeurer insatisfait, et il ne faut pas cesser de vouloir comprendre. » Montesquieu modérateur est prudent et inquiet.

1. Jean Starobinski, *Montesquieu*, préface de Martin Rueff, Seuil, coll. « La librairie du XXIe siècle », 2024.
2. Jean Starobinski, *La Beauté du monde. La littérature et les arts*, éd. Martin Rueff, Gallimard, coll. « Quarto », 2016.

Livres
Préservons Kafka des « kafkolâtres »
Frédéric Verger

La commémoration de la mort de Kafka aura au moins eu le mérite de faire apparaître un trait caractéristique du philistinisme contemporain. (J'appelle philistinisme une forme particulière d'absence de sensibilité pour l'art qui se manifeste par la rage de l'expliquer.)

Chaque commémoration d'écrivain favorise le retour d'une épidémie de « biografite ». Les malheureux qui en sont frappés présentent en général un terrain favorable : un esprit court mais à prétentions, une âme futile mais à démangeaisons religieuses. Le symptôme le plus courant : une sorte d'hystérie adulatrice qui cherche ses mots dans la besace des clichés publicitaires. L'utilisation spasmodique des termes « icône », « iconique » est un signe d'une « biografite » déjà bien avancée et contagieuse.

Le « biografiteux », travaillé par son prurit religieux, veut idolâtrer l'artiste. Mais l'œuvre le déroute. N'y trouvant qu'un prétexte à adulation, il est pressé de s'en débarrasser. Pour transformer cette œuvre en icône ou relique, il convient de lui donner un bon gros sens ou mille petits. Incapable de sentir que la magie de l'art réside précisément dans une alliance énigmatique du général et du particulier, le philistin se retrouve toujours englué dans le général des lourdes et grasses idées (Kafka, prophète du totalitarisme) ou dans le particulier de ses petits tourments (je me suis reconnu dans les rapports du scarabée et de sa sœur). L'important est que les idées liquident l'œuvre afin de pouvoir, débarrassé de ce pensum qu'est la lecture, bavasser sur l'homme. Je me souviens avoir rencontré il y a plus d'une dizaine d'années un philistin en avance sur son temps, parvenu au stade terminal de « biografite », pas du tout mortel d'ailleurs, qui se manifeste même plutôt par un contentement de soi presque parfait, qui affirmait qu'il préférait de loin la *Lettre au père* à *La Métamorphose* (qu'il avait l'air de considérer comme une espèce de conte pour enfants légèrement lugubre).

Rappelons donc des évidences :

Kafka est un grand artiste parce qu'il a écrit des œuvres admirables et il est indifférent à celui qui est touché par *La Métamorphose* de savoir

si Kafka haïssait son père ou pourquoi il a rompu ses fiançailles avec Mlle Bauer. Entendons-nous : on peut aussi s'intéresser à la vie de Kafka et personne n'est plus avide du moindre ragot, de la plus infime anecdote plaisante ou déchirante sur la vie de Kafka, que l'auteur de ces lignes. Mais s'imaginer qu'il faut la fouailler avec une avidité de nécrophage pour goûter l'œuvre, ou, pire encore, que le sens de cette œuvre est caché dans sa vie, sont les symptômes d'une absence de goût qui contribue à répandre une conception inepte de la littérature. Apprécier *La Métamorphose*, ce n'est pas y trouver des symboles, ou trouver excitant d'en chercher, ni, avec cette satisfaction repue typique de l'intellectuel petit-bourgeois, y voir la transcription du roman familial ou de la sexualité de l'auteur, mais goûter le pathétique de tous les détails de la situation, la logique de leur cruauté, le caractère indissociable du grotesque et du cruel, le mélange de tendresse et d'indifférence, l'ambivalence de l'empathie et de l'égoïsme, l'alliance de la condamnation et du pardon. Tout ceci est affaire de phrases. Peu nous importe en quoi Kafka a plus ou moins puisé dans sa vie un matériau, c'est la forme qu'il lui a donnée qui compte. La décrépitude dans le général de l'aperçu historico-prophétique ou le particulier du cas socio-psychologique atrophie les cerveaux et rabougrit les cœurs. La niaiserie, l'insensibilité bien intentionnée des commentateurs qui ramènent l'œuvre au matériau qu'elle a voulu transcender, rappelle la rage de la famille Samsa à chasser le pauvre Grégoire dans sa chambre…

Interprétation psychologique plus ou moins freudimorphe (en perte de vitesse), interprétation sociologico-politique, interprétation, qu'on sent venir, du scarabée en figure trans ou queer liée à une crise de la masculinité, toutes ces interprétations ne sont pas tant fausses que sans intérêt. La plupart des analyses biographiques sur le rapport de Kafka à sa famille, aux femmes, à la sexualité sont vraies mais vaines. Leur bêtise ne vient pas tant de leur contenu (à leur façon, on peut d'ailleurs toutes les considérer comme vraies, et voir dans le scarabée une figure trans n'est pas plus bête, et à tout prendre est plus amusant, que de l'analyser comme produit de l'aliénation petite-bourgeoise) que, non seulement les récits de Kafka ne sont pas des symboles, mais qu'il a voulu justement pulvériser cette notion. Cela veut dire qu'il joue bien avec l'idée de symbole ou d'allégorie, mais d'une façon tout à fait différente, bien plus riche et complexe que celle où veulent l'enfermer beaucoup de commentateurs.

Précisons encore : il est évident qu'on ne peut pas lire certains de ses textes sans penser par exemple aux persécutions et massacres bureaucratiques à venir. En ce sens, cette impression et ce rapprochement ne sont pas stupides. Mais la bêtise consiste à s'y arrêter, à y voir le bon grand sens général qui va permettre d'en bavasser sans se rendre compte que cette perspective est réductrice mais surtout – et là, le philistin n'est plus seulement un imbécile mais un destructeur – qu'elle rend impossible la disposition particulière d'esprit qui permet d'éprouver ce qu'elle dit.

Les mondes du *Procès* ou du *Château* n'ont rien à voir avec ceux des totalitarismes puisque les crimes de ces derniers avaient bien une explication, alors que, dans le monde de Kafka, on ne sait s'il en existe une, comme si Abraham, en route vers la montagne du sacrifice, se demandait si le commandement cache une épreuve envoyée par Dieu ou par un défaut de prononciation de l'Ange. En ce sens, ce n'est pas le système totalitaire que l'œuvre de Kafka pressent mais le sentiment subjectif et métaphysique qu'ont dû éprouver certaines de ses victimes. Que nous ne puissions vivre ce qui nous paraît être une injustice autrement qu'en y voyant soit une erreur, soit une épreuve, voilà l'affect qui fascine Kafka, parce que ces mots, « erreur », « épreuve », rapportent forcément nos émotions, alors même que nous n'avons plus la foi, à une représentation religieuse de l'existence.

Autres symptômes agaçants de « biografite » : l'étonnement niais, comme disait Baudelaire, qu'« un homme soit un homme » (Kafka jeune homme à la plage était attiré par les jeunes femmes) ou, au pôle opposé, la recherche conventionnelle des traces de sainteté. Ainsi la fameuse demande à Max Brod de brûler les manuscrits inachevés est interprétée comme le signe d'un masochisme ou d'une humilité extraordinaire. Mais quitte à faire de la psychologie, pourquoi ne pas y voir l'orgueil et l'assurance d'un grand artiste sachant très bien que le peu qu'il avait publié lui vaudrait déjà une place au premier rang des écrivains de génie ? En matière de réussite et de perfection, la quantité ne fait rien à l'affaire. Pour qui sent le type de récit qu'il voulait faire, le degré de perfection formelle, l'équilibre des motifs qu'il poursuivait (ce qu'il appelait « l'intégrité » narrative, qu'il cherchait dans les contes), il n'y a rien d'étonnant à ce qu'il ait considéré comme insatisfaisants bon nombre de récits que nous pouvons lire aujourd'hui et qu'il voulait détruire.

La dimension la plus funeste du philistinisme est l'obsession de tout ramener à de petites généralités rationalisantes, c'est-à-dire le refus, sans doute inconscient, d'affronter la dimension mystérieuse de notre rapport au langage. Ce refus, c'est, à proprement parler, la haine de la littérature.

Kafka disposait d'un clavier immense, d'un génie poétique qui aurait pu faire de lui, entre autres possibilités innombrables, un merveilleux écrivain lyrique. La voie qu'il a choisie, toute de concentration, témoigne de la radicalité de son projet : ce qui intéresse Kafka, c'est en quoi certaines idées narratives, voire peut-être n'importe quelle idée narrative à condition qu'elle soit traitée d'une certaine façon, peuvent prendre dans notre imagination une mystérieuse puissance de parabole, mais dont le sens ultime demeure mystérieux. Kafka n'aimait d'ailleurs pas ce mot, justement parce qu'il pouvait laisser croire à la possibilité de réduire le récit à un symbolisme déchiffrable. Il préférait parler de ce que Marthe Robert a traduit par « une manière allusive ». Que cette puissance « allusive », liée à des détails réalistes, ordinaires et concrets, soit assez forte pour que nous y pressentions une image mystérieuse de la vie, mais que sa beauté tienne à ce qu'elle ne puisse se dire autrement que par cette histoire irréductible à toute traduction, à toute interprétation définitive, voilà le pouvoir qui le fascine, le principe de la forme qu'il donne à son matériau. D'où le caractère de recherche, d'improvisation, d'incomplétude de ses romans, où la parabole n'est pas aussi parfaite et concentrée que dans un récit court, et où la gageure résidait sans doute pour lui dans l'élaboration d'un long récit où tous les éléments auraient cette qualité « allusive » et dont leur succession elle-même pourrait acquérir cette dimension.

Voilà pourquoi les interprétations fermées ramènent cette œuvre extraordinaire à des platitudes de troisième ordre. Max Brod avait à la fois tort et raison de faire de Kafka un auteur religieux. Son domaine est bien celui de la parabole et du mythe mais on peut prendre les choses à l'envers : ce n'est pas la présence du divin qui y apparaît, mais, comme dans les contes et la mystique, le pouvoir mystérieux de notre rapport au langage qu'on appelle, ou appelait, la littérature.

Livres
Yasmina Reza, unique et rock
Marin de Viry

Une fille drôle, piquante et perchée est à l'homme ce qu'un voyou solaire pasolinien est à la femme : un appel irrésistible à tout plaquer. En matière de littérature, il est recommandé de repérer ce qui est dominant, admis, répété, constitutif de l'ordre social ; il est très important de bien connaître les éléments de langage du prêchi-prêcha, de documenter les hallucinations officielles, les drogues idéologiques licites, les codes esthétiques du système, la morale bancale mais sûre d'elle-même du courant central, et, ceci fait, de sortir la mitrailleuse, le char d'assaut, le drone multifonction. Puis il convient de tirer des coups de feu en l'air et de fuir à moto (nous voulons dire : d'écrire un livre). Alors vous deviendrez un voyou solaire ou une fille piquante, et votre attractivité érotique littéraire augmentera considérablement.

Dans ce noble projet, la difficulté consiste à lire le monde contemporain de telle sorte que votre lecteur comprenne que : sous le gauchiste new-look, il y a le curé du XIXe qui refourgue la morale bourgeoise ; sous l'écolo souriant, il y a la maîtresse d'école dominatrice et frustrée ; sous les prêches émancipateurs, le désir jaloux de contrôler les pensées ; sous les discours sur la liberté, un appel aussi pressant que menaçant à rejoindre le troupeau ; sous la sympathie de façade, l'intimidation ; sous le bouddhisme Twitter, la brutalité des appétits.

Bref, ce n'est qu'après avoir analysé dans les détails le maoïsme rampant dans la compétition pour la domination sociale que vous pouvez écrire.

Mais il y a plus. Sous la bataille pour la domination, à un niveau infrapolémique, il y a les paramètres de la condition spirituelle et psychologique humaine. Sur ce plan-là, il faut être expert en contradictions, aveuglements inconsciemment volontaires, dénis, bouffées paranoïaques alternant avec des poussées d'irénisme béat, fabrication d'imaginaire immunisant, fantasmes gothiques divers, ratés relationnels, bref, tout ce qui transforme la panique individuelle devant le mur de la mort en catastrophe sociale.

Un bon livre naît donc de trois séries d'observations : l'une sur l'organisation actuelle et accidentelle de la société (des ouistitis dominants veulent qu'on les serve – qui, comment ?), la deuxième sur la pauvreté de nos psychés (reptiliennes et paniquées), et la troisième sur le délire incessant de nos interactions (immanquablement ratées tout en étant fatalement nécessaires).

Cette présentation sommaire des conditions de possibilité de la réussite littéraire – disons la fabrication d'un livre rock et original – nous est venue à la lecture du dernier Yasmina Reza, *Récits de certains faits* (1). Il s'agit de courts, voire très courts chapitres qui mêlent l'observation d'audiences de justice et des saynètes de la vie quotidienne – disons plutôt des petites capsules mémorielles mises en suspens dans une vaste perspective morale. Merveilleux livre, dans lequel les décors sont l'église, la barre des cours de justice, des boutiques, des intérieurs de maison, des chambres d'enfants ; y alternent des excellences culturelles, un ancien président de la République, un prêcheur islamique, mais surtout des assassins. Ce qui intéresse Reza est moins ce moment solennel et diabolique où la vacuité d'une vie bascule dans le meurtre, comme dans Dostoïevski ou Bret Easton Ellis, que l'après, au moment de régler les comptes devant le juge, la société, les victimes. Il existe probablement une constante dans ce qu'elle observe : l'assassin ne veut pas voir, pour ne pas assumer. Ne pas se voir lui-même. Ne pas voir son crime. Ne pas voir ses conséquences. Position intenable, dont le procès est là pour le déloger et le mettre en face de l'acte, de la souffrance qu'il a causée, des souffrances qu'il continuera de causer. Ce résultat n'est pas toujours obtenu. Des prévenus sortent du box renforcés dans leur monstrueuse bêtise. La seule conclusion rassurante, si l'on ose dire, de ces scènes de jugement, est que le mal existe, qu'il est bien là, malgré les magistrats qui privilégient le cheminement technique de leur procès à la reconnaissance réelle de la vérité par le mis en cause, malgré les avocats qui baratinent, malgré les coupables qui s'inventent en personnage fabriqué de toutes pièces, malgré les experts qui embrouillent le débat tout en donnant des éclairages très exacts.

Tous – magistrats, avocats, prévenus, victimes, et autres figurants – ont l'air d'enfants perdus dans la forêt qui inventent un jeu un peu solennel en attendant les secours. On a le style Reza à plein : bref, instantané, croquant. Une photo, mais avec du lent sous le moment, du permanent sous le saisi. Le cliché sert à résumer tout le mécanisme social et psychologique à l'œuvre. Si la littérature de Reza était un dispositif technique, ce serait un accélérateur de particules. On prend quelque chose d'essentiel et de permanent dans la condition humaine et on l'envoie se fracasser. On zoome sur l'instant de l'impact. Une vie normale, c'est simplement une vie qui évite de se fracasser. Une vie normale a bien de la friture sur la ligne, du brouillard de la guerre relationnelle, le tout dans un *momentum* chaotique permanent. Mais pas d'accident.

Dernière remarque, sur l'intertextualité potentielle entre cet écrivain fascinant et l'auteur de ces lignes. Une phrase comme : « Dépêche-toi. Dépêche-toi, Gérard », où il y a à la fois de l'urgence, de l'interpellation, et un prénom disons exigeant sinon difficile, n'appartient qu'à Reza. Évidemment, dans cet univers, Gérard ne sait pas pourquoi il doit se dépêcher, d'ailleurs celui qui le lui demande ne le sait pas vraiment non plus. Demander quelque chose urgemment sans savoir pourquoi à quelqu'un qui s'appelle Gérard et ne sait pas non plus pourquoi on lui demande de se dépêcher : c'est une bonne représentation du chaos relationnel qui caractérise les interactions entre humains.

Parfois nous pourrions être tentés, pour voir, par mimétisme assumé, de placer une phrase comme : « Simone, tu as bien mis le rosé dans la glacière ? » dans un roman à venir. Mais je crois qu'il vaut mieux que je m'abstienne.

1. Yasmina Reza, *Récits de certains faits*, Flammarion, 2024.

Livres
Bible océanique
Christiane Rancé

« L'ancre, l'amarre, l'étrave, la barre, le pavillon, le compas, l'épissoir lui-même sont toujours prêts à fournir une image, endosser un mythe, illustrer un système, étant donné que la vie est croisière, cabotage, régate, long cours ou flibuste, que l'aventure de l'homme ne s'exprime jamais avec le plus de bonheur qu'en jargon marin et qu'en fin de compte nous sommes tous ici-bas des créatures embarquées. » C'est par cet extrait du roman de Jacques Perret *Rôle de plaisance* que Pascal-Raphaël Ambrogi ouvre son *Dictionnaire culturel de la mer et de la marine* (1). Il ne pouvait choisir mieux. Le ton est donné, l'esprit de l'ouvrage saisi. Et nous voilà, par la magie de ces mots dont chacun enferme un monde, littéralement embarqués pour un voyage au long cours. Qu'on en juge : mille pages et quelque seize mille termes, quand nous n'en employons que cinq cents, dit-on, dans le langage courant. Une telle richesse n'étonnera pas ceux qui se sont frottés à la navigation, au large, aux amarres larguées pour chevaucher le grand vent. Sur un bateau, la précision garantit la vie. Les hommes le savent depuis qu'ils se sont lancés au plus loin des côtes, dans l'univers le plus hostile qui soit. L'aventure exigeait un équipement sûr. Ce fut le vocabulaire. Il est là tout entier dans ce livre phénoménal, sauvé par un érudit – écrivain, philosophe, curieux, passionné et d'une haute exigence –, tel qu'on le concevait au temps des Encyclopédistes. Un amoureux de la langue et de tout ce qu'elle exige de rigueur et de minutie. On ne s'étonne pas que ce grand œuvre soit signé Pascal-Raphaël Ambrogi. Philosophe, mais aussi écrivain, historien et capitaine de vaisseau dans la Marine nationale, entre autres « hautes » fonctions, comme on parlerait de haute mer, dont celle de « chargé de la langue française et de la terminologie ». Inspecteur d'académie aussi, avec beaucoup d'autres passions linguistiques. On devine les années de recherches et de travail pour dresser cette « terminologie de l'océan ». On la reçoit plein d'admiration et de gratitude.

Il y a bien davantage qu'un plaisir de collectionneur à feuilleter et à lire ce grand livre-puzzle du roman de la mer. Il y a celui de l'explorateur – tant de mots inconnus comme des îles vierges ! Il y a celui du voyageur, à la façon de Baudelaire que P. R. Ambrogi ne manque d'ailleurs pas de citer, « mais les vrais voyageurs sont ceux-là seuls qui partent pour partir ». La lecture dans cet esprit devient départ, avec le mouvement de l'océan qu'impriment ces pages à l'imagination. On reconnaît quelques noms mystérieux entendus au petit matin lors des bulletins de la météo marine, timbrés d'hectopascal et d'échelle de Beaufort, de vents mollissant sur le secteur Dogger ou Viking. À la lettre B, quand

« bateau » entre en page, on s'émerveille de l'ingéniosité des charpentiers de marine tant ces embarcations ont de formes et de noms – dix pages pour les citer tous ! –, atakebune japonais ou petit bugalet breton. On feuillette, on passe de la plaisance à la marine de guerre, des épopées des grands pêcheurs aux vaisseaux fantômes – Méou-Méou, Chasse-Foudre et autres Galiopétan – dont les marins croisent les silhouettes, les nuits de quart, lorsque la veille et les étoiles inventent des îles d'ombre et ressuscitent leurs trois-mâts. Les drisses claquent sur les mâts comme au port. On se glisse dans la grande fraternité des gens de la mer, qu'ils soient corsaire, armateur, inventeur, amiral, saint ou simple pêcheur. On entre dans l'histoire de ces bâtiments baptisés comme on le ferait pour des enfants, qui ont permis à l'homme libre de chérir la mer et d'aller la découvrir, depuis la nuit des temps. On revisite les grandes batailles navales menées par les nations pour l'« accaparement » des océans et la maîtrise des routes commerciales, vers les Indes ou Cipango. Et ces mots ! Voulez-vous ababouiner ? À quoi sert donc une navisphère ? Qu'est-ce qu'un orgeau ? Qui était donc Blaise Pancalo ? On aperçoit, à la lumière des phares, quelques fabuleuses créatures marines. Savez-vous que l'albatros, cher à Baudelaire, ce « grand oiseau marin de l'Antarctique et des mers australes », est le surnom que les marins du commerce donnent aux capitaines qui ont doublé le cap Horn à la voile ? On explore des épaves romaines où dormait la machine d'Anticythère, qui permettait aux navigateurs de lire le ciel et de deviner les éclipses.

Outre les bonheurs qu'elle offre par ce savoir océanique, cette bible s'avère indispensable aux lecteurs d'Herman Melville, de Jules Verne, de Jack London ou de Joseph Conrad. Et encore : à la fois livre d'histoire et manuel des Glénans, ce dictionnaire vérifie les propos de René Char : « Les mots savent de nous des choses que nous ignorons. » Qu'est-ce que nous ne savions peut-être pas encore ? Notre appartenance intime à la mer et l'intuition, sinon la certitude, que sans elle nous ne serions rien, puisque sans horizon et sans rêves, sans liberté et sans évasion.

1. Pascal-Raphaël Ambrogi, *Dictionnaire culturel de la mer et de la marine*, Honoré Champion, 2024.

Livres
Une saison en Lituanie
Yves Delafoy

« Venez, je vous conduirai en esprit vers une contrée étrange, vaporeuse, voilée, murmurante. Un coup d'aile, et nous survolerons un pays où toutes choses ont la couleur éteinte du souvenir. Une senteur de nymphéas, une vapeur de forêt moisissante nous enveloppe. C'est Liêtuva, la Lituanie, la terre de Gedymin et de Jagellon. Le ciel tiède et pâle de la pensive contrée qui s'ouvre devant nous a toutes les fraîcheurs du regard des races primitives, il ignore la somptueuse tristesse de mûrir… Une lumière blafarde enveloppe la plaine, une brume de soufre se couche sur les forêts, la pâleur de l'idée fixe noie la force silencieuse du soleil… » Nous sommes ici, par ce texte signé de la main du poète, au plein cœur du paysage canonique d'Oscar Vladislas de Lubicz-Milosz, dont un ensemble des œuvres reparaît dans un volume de la collection Quarto, aux éditions Gallimard (1).

« Ma cruelle jeunesse, la seule femme aimée. »

Écrivain rare dans le panorama de la poésie du XXe siècle, et parfois confondu avec son parent polonais Czesław Miłosz (Prix Nobel de littérature en 1980), Oscar Vladislas de Lubicz-Milosz, qui savait le don des langues (il en parlera presque une dizaine et lira l'hébreu et le latin), écrivit toute son œuvre en français. Il naquit pourtant bien loin de Paris, en 1877, dans un domaine situé sur l'ancien grand-duché de Lituanie (actuelle Biélorussie), qui, alors, était partie intégrante de l'Empire russe. De son enfance étrange, solitaire, passée sous les yeux d'une mère d'origine juive avec laquelle il ne noua guère de liens et d'un père, boyard, sujet à des accès de crise psychique, Milosz a conservé le souvenir prégnant d'une terre emplie de légendes, de brumes et de forêts, de vastes et lointaines envolées d'oiseaux. Nous pourrions parler d'une *terre fœtale*, tant son image s'est gravée profondément dans le cœur et la mémoire de Milosz. Une terre qui sera son point d'ancrage spirituel, lui qui aura été sa vie durant un grand voyageur européen, et un diplomate ayant ardemment défendu l'existence de la nation lituanienne.

Passé son arrivée en France à l'âge de 12 ans (pays dont il acquerra la nationalité en 1931), Milosz a placé ses deux premiers recueils – aux titres évocateurs : *Le Poème des Décadences* (1899) et *Les Sept Solitudes* (1906) – sous le signe d'une nostalgie très incarnée, où souvenirs et images fantasmagoriques s'entremêlent, où un dialogue et une quête de la Femme désirée s'ouvrent (et ne s'interrompront plus dans son œuvre), où vivants et morts peinent à reconnaître les frontières de leur état. On y repère les ombres de Poe, de Baudelaire, de Nerval, de Villiers de l'Isle-Adam, celles des romantiques anglais et allemands. On y décèle une agilité poétique et des évocations qui ne sont pas sans rappeler le pays verlainien (« Je suis un grand jardin de novembre, un jardin éploré / Où grelottent les abandonnés du vieux faubourg »).

« Il n'y a que les oiseaux, les enfants et les saints qui soient intéressants. »

Mais tout ceci ne le distinguerait des poètes symbolistes de son temps, s'il n'y avait chez Milosz une puissance évocatoire toute particulière, que l'on retrouve, amplifiée, dans trois mystères qu'il écrivit par la suite : *Miguel Mañara*, *Méphiboseth* et *Saul de Tarse*. Jusqu'à nos jours, son public constitue ainsi une sorte de classe à part parmi les lecteurs de poésie – une classe cachée. Ils ont en commun cette contrée labourée par ce vers miloszien au pas souple et velouteux, fait de charité et de violents rejets, fait d'humilité et de hauteur tout aristocratique, dédaignant la vulgarité par horreur de la pesanteur (qui sera chez lui, à maints égards, une thématique récurrente, jusqu'à cette parole : « Le mouvement de ma chute a créé l'espace-temps… la chute où j'ai entraîné le monde ») ; ils ont en commun le ressenti de cet étrange mystère des vers de Milosz, qui par l'évocation d'un passé mythifié aux charmes oniriques parvient à susciter chez son lecteur un souvenir qui est sien : « Quelquefois, vous m'apparaissiez sous les traits d'une femme / Dans la belle clarté menteuse du sommeil. Votre robe / Avait la couleur des semailles ; et dans mon cœur perdu, / Muet, hostile et froid comme le caillou du chemin / Une belle tendresse se réveille aujourd'hui encore / À la vue d'une femme vêtue de ce brun pauvre, / Chagrin et pardonnant : la première hirondelle / Vole, vole sur les labours, dans le soleil clair de l'enfance. »

Néanmoins, l'œuvre de Milosz ne peut être cantonnée à la stricte forme poétique, tout autant que ses approches du monde ne peuvent être fractionnées en différentes périodes. Son intention, tout au long de sa vie, a été celle de réhabiliter les mots dans leur essence. Ne prenant ni la voie ni la foi du charbonnier ou celle du docteur, il a porté cette vérité, affirmant que les noms sont *les pères des objets sensibles*. Sa recherche a ainsi, naturellement, emprunté la forme romanesque, avant de trouver son véritable estuaire et la forme achevée de sa quête dans la métaphysique et l'ésotérisme biblique et kabbalistique. Cette forme-ci, forme de la maturation, qui est celle des derniers poèmes, ou plutôt des derniers psaumes, aux allures de messages et de témoignages, nous parle avec parfois des accents obscurément prophétiques, à travers la voix d'un homme qui a guetté, voire traqué jusqu'au plus profond du souffle, les signes de l'amour – cet amour dont il a su, par un simple contraste, nous donner la définition : « La terrible paix des hommes sans amour ».

Un amour qu'il a pratiqué concrètement et quotidiennement, de manière franciscaine, par une attention très vive qu'il a portée à la création, et tout particulièrement aux oiseaux. Nous laisserons la parole finale à son neveu, Czesław Miłosz : « Il connaissait le langage des oiseaux et quand il leur parlait, dans les allées du parc de Fontainebleau, ils accouraient de partout en voletant pour se poser dans sa main. »

Milosz est mort en 1939, à l'aube d'une guerre dont il avait prévu avec une lucidité hallucinatoire, dès 1936, la monstruosité du coup porté à la dignité humaine et à sa chère Europe, dont il fut, selon le mot de Paul Fort, le plus beau don fait à la France.

1. O.V. de L. Milosz, *Œuvres*, édition présentée et annotée par Christophe Langlois et Olivier Piveteau, Gallimard, coll. « Quarto », 2024.
Pour les lecteurs désireux de prolonger ce voyage en terre lituanienne, la « Saison de la Lituanie en France » se tiendra du 12 septembre au 12 décembre 2024.

Livres
Schopenhauer poète : révéler l'harmonie cachée

Céline Laurens

Johanna Schopenhauer écrivait à son fils Arthur, dans une lettre datée du 4 août 1803, de prendre garde à ne pas lire de poésie pour mieux se concentrer sur les choses « sérieuses de la vie ».

Si l'on connaît la divergence de caractère qui désunit la mère et le fils, divergence qui contribua à accentuer une certaine dureté de Schopenhauer à l'encontre des femmes, ce que l'on sait moins, c'est l'influence capitale qu'exerça la poésie sur sa vie et son œuvre. Avant même de lire les romanciers et les philosophes, Arthur Schopenhauer comprit qu'elle était l'une des indispensables clefs d'accès au monde. Épris de Dante, Goethe, Pétrarque, Schiller, Byron, Shakespeare, il s'essaya à traduire Milton tout en rédigeant ses premiers poèmes. Si le style Schopenhauer n'y est pas encore complètement « stabilisé », le lyrisme empiétant excessivement sur la transmission de l'idée, il a en revanche déjà conscience que la philosophie généralise l'expérience là où la poésie permet de plonger au cœur de celle-ci. Selon lui, un texte doit contenir l'une et l'autre de manière égale sous faute d'un déséquilibrage nuisible à la pénétration du texte par le lecteur. La poésie est à la philosophie ce que l'expérience est à la science dans l'exploration-compréhension du monde et du sujet qui en subit le choc et l'étrangeté.

> « La nuit d'hiver ne sera donc jamais finie ; Comme pour ne plus revenir le soleil traîne, L'orage et les hiboux rivalisent de thrènes ; les armes vibrent accrochées aux murs pourris *[...]* bientôt il fera clair jusqu'en les profondeurs : le monde se tendra d'éclats et de couleur
> Et d'un azur profond le lointain sans limites. » (Sonnet de 1808)

Les poèmes de Schopenhauer (1) bénéficient de ce va-et-vient nécessaire entre incarnation et raison, entre le concept et sa démonstration par l'image poétique. En plus de cette méthode à laquelle il se tiendra, les thèmes développés dans *Le Monde comme volonté et comme représentation* sont eux aussi présents dès les premiers écrits : l'expérience de l'être au monde dont découlent l'absurde et l'angoisse, le constat tragique de la violence et de la solitude originelles de l'homme, dont le ressenti est accentué par l'espace qui cisèle et le temps qui fuit. Mais la solution face à cet état de fait est elle aussi énoncée : il faut tenter de surmonter l'apparente scission entre l'individu et le donné en « sortant de soi-même ». La délectation morose est un écueil, la dispersion et la fuite en avant également. L'homme doit, par le travail, par l'observation, réussir à capter peu à peu ce qui unit malgré les apparences premières les choses dans un grand tout harmonieux. Il faut persévérer pour révéler ce qui se dissimule. C'est notre nature qui nous aveugle et nous détourne, qui nous incite à désirer, toujours plus, et à passer à côté des solutions véritables. Il faut cesser de courir après le bonheur, cette aporie éphémère car toujours incomplète, et la sagesse consiste à délaisser cette baudruche et sa cohorte de vanités pour emprunter la voie de l'épanouissement véritable, uniquement possible par la contemplation esthétique, la louange gracieuse et la compassion.

Ces conseils, Schopenhauer ne se contente pas de les énoncer comme un maître à penser. Non, il les met en pratique malgré ce qu'ils ont de laborieux dans sa vie et dans son écriture. Pour les véhiculer dans ses poèmes, par exemple, il use de différentes techniques littéraires. Quand certains textes relèvent directement de la louange, d'autres montrent au contraire son difficile cheminement et ce qui peut en détourner l'homme : la colère, le sentiment d'injustice, l'à quoi bon. Ainsi, il va commencer par s'attaquer à des ennemis (personnels ou non, comme le clergé) pour ensuite relativiser son agacement à leur égard. Si ses angles performatifs évoluent, son style aussi. Abandonnant le lyrisme de ses débuts, Schopenhauer s'oriente vers une forme plus brève, des épigrammes saisis permettant de véhiculer au mieux son ton à la fois caustique et sentencieux.

Quant à ses poèmes les plus dialectiques, ils tendent à se répartir en trois moments. Tout d'abord, le narrateur y énonce une vérité générale et tragique. Dans un deuxième moment, il l'image à l'aide d'une description (par exemple les ruines d'une maison pour signifier l'idée que tout passe). Puis, dans un troisième temps, le narrateur se ressaisit et conclut par une chute optimiste, mettant en avant la lumière de ce qui était caché à ses yeux.

Il y a donc en un même poème le passage d'un moi romantique et agonique au sujet qui, après avoir pris conscience de sa condition, s'abandonne à des vérités qui le surpassent. Le sujet narratif du poème disparaît dans l'harmonie naturelle et se dissout dans le texte, qui s'oriente vers la maxime gracieuse. Le voile de Māyā écarté, l'illusion d'une irréductible dualité écartée, l'homme peut se laisser pénétrer par la beauté du tableau qu'est le monde, transpercé par la vérité comme s'il naissait de nouveau.

« Au sein de cette vie accablée de tourments
Une nouvelle vie tout ordre s'édifie,
L'humaine ambition sans limites ni plan,
La course d'acier implacable du temps,
Tous les malins esprits autour de nous flottant,

Guettant chaque bonheur avec sournoiserie,
Désormais tout cela est banni, apaisé,
À la faveur d'un flot d'harmonies compensé. » (Polymnie)

Il faudra attendre 1851, neuf ans avant sa mort, pour que Schopenhauer ose publier une sélection de ses poèmes à la fin de son dernier ouvrage, *Parerga et Paralipomena.* Réunis et augmentés, ceux-ci sont désormais disponibles aux éditions Payot et Rivages, traduits par Guillaume Métayer et préfacés par Francis Haselden. Cette édition permet de mieux saisir la lucidité et la grande nuance de ce penseur qui, comme le disait Thomas Mann, était plus qu'un philosophe : un peintre de l'âme humaine.

1. Schopenhauer, *Poèmes*, préface de Francis Haselden, traduction de Guillaume Métayer, Rivages poche, 2024.

Films

Sévigné, Bonnard, Ravel : trois biopics et des faux pas

Richard Millet

Une épistolière de la seconde moitié du XVIIe siècle, un peintre et un compositeur de la première moitié du XXe siècle : trois emblèmes de ce qu'on appelait le génie français, avant que ce genre d'expression ne devienne suspect au « monde de la culture », qui s'« empare » de ces figures pour en faire des biopics. L'intention est louable ; le résultat beaucoup moins, et on reste dans l'illustration culturelle, par défaut d'ambition artistique et intellectuelle.

Qu'Isabelle Brocard, dans son *Madame de Sévigné*, centre son film sur la relation de la marquise avec sa fille Françoise, rien de plus naturel. C'est grâce à cette fille, née en 1646 de son mariage avec un homme qui la laissera veuve en 1651, que Madame de Sévigné a donné le meilleur d'elle-même, lorsque les lettres étaient souvent des œuvres littéraires ou philosophiques, comme chez Descartes ou Spinoza. En 1648, Sévigné aura aussi un fils, Charles ; mais elle aimera sa fille dès l'enfance, chose rare en un siècle où l'enfant n'avait guère d'intérêt pour les adultes. De cette

Françoise, le libertin Bussy-Rabutin, cousin de la marquise, parle comme de la « plus jolie fille de France », qui danse à 16 ans avec le roi. L'amour de la mère pour la fille prendra une importance extrême par le mariage de Françoise, en 1669, avec le comte de Grignan (Cédric Kahn), personnage dépensier dont ce sont les troisièmes noces et qui l'emmènera vivre au château provençal de Grignan. Françoise l'aimera à l'excès, « contre » sa mère, suggère la cinéaste. C'est donc cette passion d'une mère pour sa fille qu'elle tente de cerner. Elle y échoue, tout d'abord parce que Karin Viard n'a ni la classe ni la beauté de la marquise. Ana Girardot, elle, a de la beauté, mais est montrée dans une anachronique révolte post-adolescente qui tire le mystère de cette relation vers un refus de l'« emprise » maternelle, et en soulignant, autre anachronisme, le caractère érotique de sa relation avec le volage comte de Grignan. Brocard tire aussi Madame de Sévigné vers une sorte de féminisme qui montre les hommes tous peu ou prou ridicules, quand ce ne sont pas des prédateurs, comme dans l'invraisemblable scène où Louis XIV tente de violer la jeune Françoise dans un bosquet de Versailles. Le langage sonne souvent faux, les fautes de français abondent : mettre le mot « mémoires » au féminin, pour ceux de Bussy-Rabutin, est impardonnable, tout comme il est impossible que la marquise voyage seule en diligence avec deux domestiques sur des routes fort dangereuses.

Plus convaincant est *Boléro*, le film qu'Anne Fontaine consacre à Maurice Ravel (1875-1937). Elle centre son biopic sur la gestation et la création de l'œuvre la plus célèbre de ce compositeur : le *Boléro*, dont on sait qu'il est la musique la plus jouée dans le monde et qu'il consiste dans l'amplification d'un même motif non développé mais répété 17 fois par un orchestre qui s'accroît de façon hypnotique. Commande de la danseuse Ida Rubinstein (Jeanne Balibar), qui le crée en 1928, cette œuvre révèle et masque tout à la fois la personnalité d'un homme à qui on ne connaît nulle liaison, qui vit avec sa gouvernante dans sa petite maison-bonbonnière de Montfort-l'Amaury et se dit « marié à la musique ». Il est incarné par un trop mutique et « coincé » Raphaël Personnaz ; et la liberté que prend Fontaine de faire de Ravel un amoureux platonique de la célèbre Misia Sert (Doria Tillier) a pour fonction de souligner un mystère sentimental, tout comme les flash-back ramenant à l'enfance, à la Grande Guerre, à la mort de la mère qui sera en quelque sorte remplacée par la pianiste Marguerite Long (Emmanuelle Devos, ici sous-exploitée). L'enfance reste le domaine privilégié de ce compositeur qui, par ses origines helvétiques et basques, tenait d'un « horloger suisse » en même temps que d'un coloriste espagnol, comme on le voit dans sa féerie *L'Enfant et les sortilèges* ou dans *Ma mère l'oye*. Un film qui ne perce donc nulle énigme, n'approfondit rien, caricature parfois, mais qui n'est pas sans charme, surtout grâce à la musique, quoiqu'on regrette de ne pas y entendre un peu de ces œuvres majeures que sont *Shéhérazade,* pour soprano et orchestre, et le *Concerto pour la main gauche*.

Misia Sert, on la retrouve, sous les traits d'Anouk Grinberg, dans *Bonnard, Pierre et Marthe*, de Martin Provost. C'est pourtant une autre femme qui est au centre du film : Marthe (Cécile de France), une petite couturière qui surgit en 1893 dans la vie du jeune Bonnard (Vincent Macaigne) pour n'en plus sortir, devenant son modèle favori, et dont le visage et la silhouette, habillée ou dévêtue, nous sont familiers, notamment dans ses admirables nus au bain. Bonnard, « peintre du bonheur » ? Pas si simple. Provost tente de s'écarter du cliché, mais sans montrer en quoi son art est singulier. Marthe, qui vivra pourtant de 1869 à 1942, est une femme à la santé fragile, inquiète, jalouse de Misia ou de Renée Monchaty (Stacy Martin), jeune modèle dont Bonnard s'éprend en 1916 et avec qui il passe deux semaines à Rome, où elle se suicidera. Le film se partage entre deux maisons : celle de Vernonnet, au bord de la Seine, où Monet vient souvent visiter Bonnard, et la villa du Cannet, au bord de la Méditerranée, acquise en 1926, et où Marthe et Pierre mourront. Deux thébaïdes heureuses, où la vie du peintre (1867-1947) est tout entière vouée à son art : il refuse d'avoir les enfants que désire Marthe, devient de plus en plus « japonais », comme en témoignent ses derniers autoportraits dans lesquels il ressemble à un vieux Nippon souriant, qui se fond presque dans la nature, ce que confirme son goût des arbres, notamment cet *Amandier en fleurs* peint vers 1930 et qu'il peindra de nouveau l'année de sa mort, survenue après celle de Marthe. À celle-ci plus qu'au peintre, ce film est un hommage ; on peut l'accompagner de la lecture du beau livre que mon ami Guy Goffette, récemment disparu, lui a consacré : *Elle, par bonheur, et toujours nue* (1), autre hommage à cette femme que sa discrétion n'a pas empêchée de vibrer dans l'art du poète de la couleur qu'est Bonnard.

1. Guy Goffette, *Elle, par bonheur, et toujours nue*, Gallimard, 2002.

Musique
Brahms et Dvořák
Olivier Bellamy

Les vraies amitiés entre créateurs de même valeur sont rares. Depuis Mozart et Haydn, il n'en existe pas de plus sincère, stable et équilibrée que celle qui a uni Dvořák et Brahms. Célébré très tôt par Schumann, aimé et accueilli sous son toit, Brahms a d'une certaine manière remboursé sa dette en aidant Dvořák à se faire connaître en Europe.

Le jeune (34 ans) musicien de Bohême s'est présenté à un concours de composition, à Vienne, en vue d'obtenir une bourse. Brahms entre dans le jury à reculons, mais s'enthousiasme devant deux symphonies, des ouvertures et des mélodies écrites par le Tchèque. Non seulement Brahms va peser de tout son poids pour qu'il décroche la bourse, mais Dvořák la recevra trois années de suite. Puis Brahms s'arrangera pour le faire publier chez Simrock, son éditeur. Après le prodigieux succès des *Danses hongroises* de Brahms, Simrock lui commandera des *Danses slaves* qui lui vaudront une célébrité immédiate.

« Quel talent riche et attirant », s'émerveille Brahms dans une lettre au violoniste Joseph Joachim, à qui l'on doit la création du concerto de violon de chacun des deux compositeurs. Leur relation s'intensifie. Brahms soutient et conseille Dvořák. Il relit sa copie, lui présente des gens importants, l'invite à voyager avec lui.

Quand Dvořák part pour l'Amérique, Brahms lui dit : « Je n'ai ni femme ni enfant, considérez ma fortune comme la vôtre. » Au moment de la publication de la *Symphonie « du Nouveau Monde »* de Dvořák, c'est Brahms qui corrige les épreuves. Non seulement l'élève égale le maître, mais l'œuvre acquiert une popularité que n'atteindra aucune des symphonies de Brahms.

Qu'est-ce qui séduit tant Brahms dans la musique de Dvořák ? Son sens inné de la forme. Son imagination sans modernisme excessif. Sa fraîcheur mélodique. Comme Schubert, Dvořák est un oiseau qui chante dans le grand arbre des sons. Tandis que Brahms, à l'image de Beethoven, sue sang et eau pour bâtir en dur, à l'allemande. La fascination du

« lourd » pour le « léger » ! Au siècle précédent, Jean-Sébastien Bach a éprouvé la même attirance vis-à-vis de la facilité solaire d'un Vivaldi. Fasciné par la musique populaire, Brahms s'abreuve à la source des Tziganes, et il envie la riche fontaine folklorique où Dvořák puise ses rythmes et ses couleurs.

Habilement diluée dans l'encre allemande, la saveur de ses mélodies lui appartient en propre. Dvořák invente tout. De même, inspiré par les gospels et les danses peaux-rouges, il donne vie au merveilleux « Largo » de sa *Symphonie « du Nouveau Monde »* (Gainsbourg, lui, empruntera ce thème dans « Initials B. B. », pour surmonter sa rupture). À cette époque, Dvořák dirige le Conservatoire de New York. Il a traversé l'océan, contrairement à Brahms qui, dans sa jeunesse, avait repoussé l'offre d'un imprésario l'invitant à se produire aux États-Unis.

Avant de rentrer à Prague, Dvořák butine les fleurs de l'Iowa pour produire son miel. La nostalgie de son pays infuse les thèmes de la symphonie, autant tchèque qu'américaine, et par là même universelle. Il dispose d'une telle richesse thématique et d'un tel naturel rhétorique qu'il n'a nul besoin de passer par des transitions laborieuses. Comme Mozart ou Johann Strauss fils, Dvořák possède le don de passer d'une mélodie à l'autre. À chaque épisode succède une idée nouvelle, à la fois proche et différente, toujours inspirée.

Publiée sous le numéro 5 – Dvořák pensait avoir égaré quatre symphonies de jeunesse –, la *« Nouveau Monde »* affiche aujourd'hui le numéro 9. Ainsi, Dvořák a été rattrapé par la malédiction des compositeurs qui, après Beethoven, n'ont pu survivre à leur *Neuvième Symphonie* : Schubert, Bruckner, Mahler… Cette œuvre glorieuse partage sa tonalité sereine de mi mineur avec l'ultime symphonie de Brahms.

Par coïncidence, l'actualité relie deux nouveautés du disque en cette rentrée musicale. D'une part, la *Symphonie n° 9 « du Nouveau Monde »* (intelligemment couplée avec la *Suite américaine*, rarement jouée) par l'excellente Nathalie Stutzmann à la tête de l'Orchestre d'Atlanta, dont elle est directrice musicale (1). D'autre part, l'intégrale des symphonies de Brahms par la star de la baguette, Yannick Nézet-Séguin, qui a choisi l'Orchestre de chambre d'Europe plutôt que l'Orchestre de Philadelphie dont il est le leader. *Last but not least*, les deux artistes sont amis dans la vie. Yannick ayant souvent invité Nathalie à diriger Philadelphie.

Pour son tout premier enregistrement comme chef symphonique, la contralto française Nathalie Stutzmann a choisi un « tube » auquel elle imprime un sentiment d'urgence, une fraîcheur, et une force expressive personnelle. Ce qui frappe surtout, c'est une liberté du temps, qui s'adosse à un solide sens architectural sans en être l'esclave. Dans le texte de présentation, elle précise que tout vient de sa relation avec l'orchestre : « Une alchimie se produit lorsque nous faisons de la musique ensemble. Les instrumentistes sont prêts à prendre des risques (calculés) et à oser exprimer ce qu'ils ressentent. » Tout en allant au fond de la note, Nathalie Stutzmann possède un sens du rebond, une énergie tellurique ou volatile, suivant ce que demande la musique.

Après l'intégrale des symphonies de Beethoven, Yannick Nézet-Séguin s'attaque tout naturellement aux quatre sœurs brahmsiennes avec une phalange qui allie l'excellence instrumentale à la prise de risque (2). Comme si des virtuoses dotés de la fraîcheur d'un orchestre de jeunes jouaient de la musique de chambre. Comme à son habitude, l'énergie que déploie le chef est phénoménale ; il réussit aussi à assouplir considérablement le tissu brahmsien, à lui donner un envol, une légèreté et du feu. Le finale de la *Première Symphonie* est au bord de l'explosion instrumentale. Tout chante, danse, respire et rugit, dans la *Deuxième*, sans que jamais l'équilibre n'en pâtisse. La *Troisième* est pleine de sourires, de tendresse, d'émotion. Et la *Quatrième* a rarement été aussi rayonnante, sinon dans le célèbre enregistrement de Carlos Kleiber.

Enregistrées en public, à Baden-Baden, ces œuvres trouvent sous la direction de ce diable de Québécois une légèreté bondissante, jamais clinquante ni superficielle. Ce feu follet est aussi un roseau pensant. Il vit surtout la musique du fond de son cœur jusqu'aux battements du nôtre.

1. Antonin Dvořák, *Symphonie n° 9 « du Nouveau Monde »*, Orchestre symphonique d'Atlanta, Nathalie Stutzmann (direction), 1 CD, Erato.
2. Johannes Brahms, *Les Symphonies*, Orchestre de chambre d'Europe, Yannick Nézet-Séguin (direction), 3 CD, Deutsche Grammophon.

Expositions
Gustave Caillebotte, un impressionniste à part
Stéphane Lambert

Gustave Caillebotte (1848-1894) occupe une place à part dans le mouvement impressionniste pour des raisons diverses qu'il convient de clarifier au moment où le musée d'Orsay lui consacre la première rétrospective en France (1) depuis celle de 1994 au Grand Palais qui fit prendre la mesure de sa modernité. Depuis lors, son œuvre n'a cessé de s'imposer aux yeux du monde, au point que certains de ses tableaux sont devenus iconiques et que sa cote a atteint dans les salles de vente des sommets : sa toile *Jeune homme à la fenêtre*, présente à Orsay, a été acquise en 2021 pour 46 millions d'euros par le Getty Museum de Los Angeles.

Ce qui frappe d'emblée chez Caillebotte, c'est la différence de style avec ses confrères impressionnistes. À première vue, le réalisme semble l'emporter sur la subjectivité dans le rendu du sujet. Mais cette distinction entre lui et ses pairs repose sur un malentendu historique qui veut que lesdits impressionnistes se soient fédérés autour d'une homogénéité formelle. Il s'agit au départ d'un regroupement d'artistes refusés au Salon officiel qui ont décidé en 1874 d'organiser une exposition indépendante. Il n'y a derrière cette initiative aucune communauté esthétique sinon une opposition à l'académisme. Une tendance picturale marquée par la juxtaposition de touches colorées, et incarnée par quelques artistes (Monet, Renoir, Pissarro, Sisley), s'est dégagée de cet ensemble hétéroclite et a été qualifiée d'« impressionnisme ». La postérité associera le mouvement à ce style parce que ses adeptes en deviendront les figures majeures. Lorsque le jeune Caillebotte participe à la deuxième exposition impressionniste, en 1876, les œuvres exposées restent marquées par leur éclectisme. La peinture du nouveau venu se rapproche plus, par son cadrage spectaculaire, du *Bureau de coton à La Nouvelle-Orléans* que Degas présente cette année-là. Caillebotte, lui, dévoile ses *Raboteurs de parquet*, tableau refusé par le Salon officiel.

Sa « modernité frappante » et son « originalité incontestable » ne manquent pas d'être relevés par la critique.

Le sujet iconoclaste des *Raboteurs*, que certains jugent vulgaire, ouvre son art à la vie extérieure, à sa réalité contemporaine. Les impressionnistes privilégient la vitalité qui se dégage d'un motif à la noblesse officielle d'un contenu. La peinture doit rendre compte du « vrai » par des moyens qui lui sont propres, distincts de ceux de la photographie. Ainsi Caillebotte cherche-t-il à saisir, à travers une composition saisissante qui, sans être naturaliste, s'appuie sur les ressorts du décor, le mouvement des ouvriers s'activant dans le flux de lumière. Le peintre appartient à une génération qui a connu Paris en perpétuelle transformation. Des grands chantiers haussmanniens aux reconstructions après la Commune, ce renouvellement architectural constant a habitué son œil à la structuration de l'espace. Cette dimension géométrique, que soulignent par exemple les entrecroisements métalliques du *Pont de l'Europe*, est l'une des caractéristiques de ses tableaux urbains où l'élaboration de l'image (Caillebotte avait une formation d'ingénieur) s'allie à des vues novatrices, souvent en plongée (*Boulevard vu d'en haut*), qui annoncent le cinéma. Cette approche est bien plus que documentaire, car le peintre n'hésite pas à synthétiser la forme du réel, en accentuant les angles (*Rue de Paris, temps de pluie*) et la ligne droite des perspectives (*Peintres en bâtiment*), comme le fera un certain minimalisme figuratif au XXe siècle. L'artiste se distingue aussi par sa capacité à inclure, dans ses constructions formelles, des signes propices à l'imagination. Ce point de rencontre entre la recherche esthétique et l'émergence d'une atmosphère narrative, qui anticipe Hopper, enthousiasmera très tôt le public américain.

Contrairement à ses confrères, Caillebotte possède une fortune qui l'autorise à ne pas se soucier de la vente de ses tableaux. Cela le rend entièrement libre dans sa création, qu'il nourrit de ses autres passions (horticulture, nautisme, philatélie). Ses moyens financiers lui permettent d'aider les peintres en difficulté et de constituer l'une des collections les plus « avant-gardistes » de l'époque. De la troisième exposition impressionniste, en 1877, qu'il avait financée, il acquit une quinzaine de tableaux de premier plan (*Bal du Moulin de la Galette* de Renoir, une *Gare Saint-Lazare* de Monet…). Il fut également propriétaire du *Balcon* de Manet.

Après sa mort précoce à l'âge de 45 ans, son legs à l'État, qui fit entrer d'importants chefs-d'œuvre de l'impressionnisme dans les collections publiques françaises, fera l'objet d'une mémorable querelle entre anciens et modernes.

À l'occasion de la quatrième exposition impressionniste, en 1879, Caillebotte expose *Partie de bateau*, image aujourd'hui culte où un rameur en plein effort est saisi de face en plan resserré. Cette œuvre est emblématique du thème central de la rétrospective à Orsay : l'intérêt prononcé du peintre pour les figures d'homme. Cet attrait pour la virilité se divise en deux catégories de peintures : des portraits d'amis dans des contextes bourgeois et des représentations du corps masculin dans une activité physique. L'*Homme au bain* (1884) constitue par sa nudité le point d'orgue de cette veine, assez rare à l'époque pour que les historiens de l'art en interrogent la signification. Secret désir homosexuel, prédilection pour les rapports sociaux entre hommes, héritée de la fratrie où il a grandi, affirmation de la force physique que prolonge sa philosophie « olympienne » de l'existence, idéal communautaire qui transcende la distinction des classes sociales… Les pistes sont nombreuses et les éventuelles réponses toujours à côté, car comme l'écrivait Caillebotte : « Les véritables arguments d'un peintre sont sa peinture. »

1. Gustave Caillebotte. « Peindre les hommes », du 8 octobre 2024 au 19 janvier 2025 au musée d'Orsay, à Paris.

NOTES DE LECTURE

LITTÉRATURE

Le Grand Rafraîchissement
Benoît Duteurtre

Boucher
Joyce Carol Oates

L'Été au Jary
Julien Bouissoux

Parmi d'autres solitudes
Yves Harté

L'Année a perdu son printemps
Edgar Morin

ESSAIS ET DOCUMENTS

Lettres à Léon et Marguerite Leclaire (1896-1907)
Joris-Karl Huysmans

Vilna Tango
Thierry Clermont

Ann d'Angleterre
Julia Deck

Révolution bambou
Jeanne Pham Tran

Charles de Gaulle. L'angoisse et la grandeur
Arnaud Teyssier

LITTÉRATURE

Le Grand Rafraîchissement, de Benoît Duteurtre, Gallimard, 224 p., 20 €

Qui aurait cru en ouvrant *Le Grand Rafraîchissement* qu'il s'agirait du dernier livre de Benoît Duteurtre publié de son vivant ? L'ouvrir après le 16 juillet 2024, jour de sa disparition, jette une lumière différente sur cette « fantaisie romanesque », ainsi que l'appelait son auteur. Lui qui aimait tant la musique, la littérature, les dessins de Sempé, les vaches et les trains, ne manquait pas de souligner les travers de notre époque et les absurdités qui découlent de la vie contemporaine. Poussant l'extravagance jusqu'à imaginer un « grand rafraîchissement », un retournement aussi inattendu qu'inexpliqué des températures, Benoît Duteurtre met en scène un manège de personnages, de rencontres et de situations qui ne font qu'accentuer les postures ridicules du présent. Rien ne lui échappe, du tri sélectif aux discriminations diverses en passant par la dégradation des paysages en raison des éoliennes ou la dématérialisation des bibliothèques ou des discothèques. « Mieux valait laisser tout s'éteindre et quitter discrètement ce monde où la vie, assurément, ne méritait plus d'être vécue… », écrit tout à la fin le romancier, ajoutant comme une note d'espérance cette ultime phrase : « Et puis les choses ont commencé à changer. » Grâce au reflux de la chaleur, la France est redevenue ce cher pays au « climat tempéré » où les mœurs ont retrouvé une harmonie qui avait disparu. Et Duteurtre de peindre une nation idéalisée, débarrassée du franglais et de ses répressions en tous genres. En Vosgien d'adoption, il n'est guère étonnant qu'il se retrouve tant dans *Le Tour de la France par deux enfants*. Il célèbre aussi passionnément Paris, dont il redécouvre la beauté architecturale lors du premier confinement. Ce dernier roman restitue l'auteur des *Pieds dans l'eau* tel qu'il était, avec sa curiosité d'éternel adolescent et sa constante recherche d'un art de vivre enfui qu'il s'est appliqué à traquer partout et toujours. Sa voix et son érudition détonnaient dans le paysage. Ce *Grand Rafraîchissement* laisse le souvenir d'un écrivain qui cultivait avec grâce l'art du sourire. **Charles Ficat**

Boucher, de Joyce Carol Oates, traduit par Claude Seban, Philippe Rey, 471 p., 24 €

Longtemps déjà que l'Amérique et ses névroses sont les thèmes récurrents des livres de Joyce Carol Oates. Mêlant le portrait d'une Amérique malade de ses contradictions (racisme, religion, criminalité, perversions mentales et sexuelles, misogynie) au thriller psychologique où les protagonistes sont emprisonnés dans leurs certitudes, l'auteure de 86 ans et plus de soixante-dix livres surprend toujours, et parfois dérange. *Boucher*, son nouveau roman, en est peut-être le meilleur exemple – bien qu'on ait déjà eu cette impression l'année dernière avec *Babysitter*. Pensé comme la biographie de Silas Aloysius Weir, « père de la gyno-psychiatrie » au XIXe siècle, qui profitera de son poste à l'asile des femmes aliénées de l'État du New Jersey pour pratiquer ses expériences sur les femmes internées, le livre s'appuie sur les histoires vraies de médecins américains de cette époque ; des médecins – des hommes – qui avaient pour théorie que toute maladie mentale féminine, dépression, anxiété, anorexie, trouvait son origine dans l'infection d'un organe, en particulier dans l'utérus, siège de tous les maux. Mais là où Oates est virtuose, c'est dans la manière de raconter son histoire, sous plusieurs angles et avec plusieurs voix. Ainsi entend-on non seulement la voix du médecin boucher, décidé à explorer le « mystère noir du vagin », *sic*, et dont la vanité monstrueuse est à la hauteur de son indifférence aux souffrances de ses cobayes humains ; mais aussi celles – muettes ou hurlantes – de ses patientes et des sages-femmes qui l'entourent. Certes, on peut lire *Boucher* comme une métaphore de ce qui se passe dans le monde, avec à la fois #MeToo et la nouvelle législation américaine sur l'IVG, dont l'autorisation est laissée à la discrétion de chaque État fédéral ; ou comme un manifeste féministe contre les maltraitances faites aux femmes depuis des siècles. Reste que ce roman polyphonique aux accents gothiques se lit avec autant d'effroi que d'admiration. **Isabelle Lortholary**

L'Été au Jary, de Julien Bouissoux, Gaïa, 155 p., 18,50 €

Un été dans un petit village du sud de la France, à l'intérieur des terres, tandis que la chaleur succède aux pluies diluviennes, les vacances d'été commencent, pareilles aux précédentes, à quelques détails près. Le narrateur, natif de ce lieu qu'il n'a jamais quitté, est un professeur d'histoire en congé anticipé à la suite d'un coup de fatigue – c'est la version officielle, son entourage est persuadé qu'il s'agit d'une dépression, lui se contente de constater qu'il n'a plus envie de voir ni ses élèves ni ses confrères. Il est le père de deux petites filles dont il doit occuper les journées, sa femme travaillant en juillet et en août. Leur mariage ne bat pas encore de l'aile, quoique. Or voilà que deux événements surviennent, perturbants. D'abord, son père meurt. Un père avec qui il n'a jamais eu de bons rapports – pas plus qu'avec le reste de sa famille (« peuple de poche appelé à la dispersion, à la dissolution ») – le laisse héritier d'une maison qu'il a toujours détestée (« j'ai réveillé les bruits de mon enfance, de mon adolescence, des week-ends écourtés, des visites ratées, sous mes semelles bruissait un sol que je m'étais juré mille fois de ne plus jamais fouler ») et dont les clefs demeurent introuvables. Récupérer leur trousseau devient alors une obsession, au grand étonnement de sa femme et de son entourage, qui voudraient le voir accaparé par des tâches plus utiles, voire plus lucratives (comme s'occuper de la location estivale de la maison d'un oncle dans les environs). À ce premier événement s'ajoute un second : sa rencontre avec le nouveau curé du village et leur début d'amitié, jusqu'à ce que celui-ci disparaisse mystérieusement en empruntant quelques objets – une voiture, une tente, entre autres –, avant de se révéler ne pas être vraiment curé… Chronique d'un été déroutant qui tire pourtant en longueur et en ennui, et dont le narrateur est à la lisière de la dépression et de la supercherie, *L'Été au Jary* réjouit par son ton distancié, entre humour et désenchantement. **Isabelle Lortholary**

Parmi d'autres solitudes, d'Yves Harté, Le Cherche Midi, 176 p., 19 €

Au début de l'année 2004, un homme se rend dans la maison de son père, qui vient de mourir à l'âge de 70 ans lors d'un accident de la route. Il faut vider les lieux, disperser ou jeter les souvenirs de cet ancien professeur de collège. Pour le narrateur, la surprise est de retrouver des textes écrits à ses débuts de journaliste pour une télévision régionale à Bordeaux. Il travaillait alors à des portraits d'hommes et de femmes confrontés à la solitude, tranches de vies sauvées du néant grâce à l'attention du père qui prit le temps de « s'intéresser à ces fragments d'un travail oublié ». À des récits sur des individus cabossés par l'existence répond l'introspection d'un quadragénaire se replongeant dans sa propre mémoire familiale. Au fil des pages, « un monde disparu » renaît. Celui de ces gens ordinaires, abîmés par le chômage, l'alcool, la malchance, et qui ont parfois fait « le tour du malheur ».
Les destinées parallèles que rassemble le nouveau roman d'Yves Harté sont éclairées par un regard et une écriture imprégnés d'une étrange douceur, d'une mélancolie sans ostentation. On songe à Henri Calet ou à Éric Holder pour cet art de cerner la vérité des êtres avec délicatesse, de dessiner une humanité tremblante sans forcer le trait. L'auteur de *La Main sur le cœur* nous entraîne dans les cafés de la jeunesse perdue, redonne vie à des invisibles, ressuscite des moments d'amitié. Célibataire, sans enfants, son narrateur connaît lui aussi la solitude vécue par son père. Entre ces deux-là, qui étaient « peu à peu devenus des étrangers », se renouent des liens par-delà les années et la mort. Les malentendus se dissipent. Les communications se rétablissent. On ne quitte jamais le pays de son enfance ni la maison du père, nous souffle Yves Harté, et si la littérature ne console de rien, elle permet de vivre. Ce que démontre avec autant de grâce que de pudeur *Parmi d'autres solitudes*.
Christian Authier

L'Année a perdu son printemps, d'Edgar Morin, Denoël, 372 p., 22 €

C'est d'abord l'histoire d'un texte perdu il y a près de soixante-quinze ans, puis retrouvé par hasard il y a quelques années dans un carton d'archives déposé par l'auteur à l'Imec (Institut mémoires de l'édition contemporaine), et enfin publié cette année sous la houlette de son éditrice et amie Dorothée Cunéo. C'est ensuite un pied de nez à l'intelligentsia littéraire, qui aura toujours du mal à admettre qu'un intellectuel de la trempe de l'auteur de *La Méthode* puisse de surcroît se révéler romancier. C'est pourtant le cas. Pour qui a lu l'œuvre prolixe d'Edgar Morin, connaît son rapport au réel et s'est frotté à ses grandes questions métaphysiques, la sortie de *L'Année a perdu son printemps* peut en effet dérouter. N'a-t-il pas déjà déployé dans *L'An zéro de l'Allemagne,* en 1946, mais surtout dans *L'Homme et la mort,* en 1951, tout ce qu'une tête bien faite comme la sienne est apte à produire de plus original sur le sujet ? C'était méconnaître ce dont son auteur est capable lorsque, confronté à la disparition de sa mère et de ses amis résistants, il lui vient l'idée de célébrer la vie à travers ses douloureuses incertitudes. Qu'est-ce que ce roman-là apporte de plus à l'œuvre de Morin ? Une chose existentielle : la puissance fraternelle. Cette vertu qui sommeille en chacun d'entre nous et ne se réveille qu'en présence du chaos, de l'amour et des mots, il la fait sienne ici de bout en bout. Quel cadeau de découvrir un texte si personnel porté à incandescence par l'humanité brûlante d'un jeune ambitieux de 25 ans incarné par son *alter ego* Albert Mercier. Le romancier hypermnésique ne fait alors rien d'autre que de mélanger les genres, secouer le cocotier de l'histoire, convoquer arts et littératures pour nous embarquer avec une plume qu'on ne lui connaissait pas dans les travers scabreux et joyeux de la nature humaine. C'est soyeux, délicat, méchant parfois, presque célinien, mais tellement convaincant qu'on en vient à se demander si ce texte opportunément ressuscité l'année de ses 103 ans n'est pas en fin de compte la cerise sur le gâteau de toute l'œuvre d'Edgar Morin.

Jean-Michel Djian

ESSAIS ET DOCUMENTS

Lettres à Léon et Marguerite Leclaire (1896-1907), de Joris-Karl Huysmans, édition de Jean-Marie Seillan, Classiques Garnier, 444 p., 38 €

Dans les années cinquante, son biographe anglais Robert Baldick annonçait déjà la parution des lettres de Joris-Karl Huysmans à ses amis Léon et Marguerite Leclaire. Il a fallu attendre. Dans le sillage de l'abbé Ferret, qui l'avait accompagné au début de sa conversion, l'écrivain avait fait la connaissance de ce couple bourgeois traditionnel. Lui ancien entrepreneur, elle souvent malade, sans enfant, les Leclaire ont fréquenté l'auteur d'*À rebours* durant les dix dernières années de sa vie, au point même d'emménager ensemble un certain temps dans une maison commune à Ligugé. Si une telle amitié peut surprendre venant d'un caractère aussi trempé que celui du « forçat de la vie », il faut reconnaître que ces deux cent vingt-huit lettres, quasiment toutes inédites, complètent son portrait. Outre qu'il s'agit d'une de ses correspondances les plus intenses et les plus abondantes, c'est moins le romancier artiste qui transparaît que l'homme en proie aux déconvenues, avec son style direct, instantané et savoureux : du Huysmans sans filtre. Ces ultimes années, où paraissent malgré tout plusieurs grands livres, *La Cathédrale*, *Sainte Lydwine de Schiedam* (dédié aux époux Leclaire), *De tout*, *L'Oblat*, *Les Foules de Lourdes*, sont marquées par son éviction du ministère de l'Intérieur en raison de son catholicisme affiché, l'échec de l'aventure ligugéenne après la fermeture du monastère suite à la loi sur les congrégations de 1901, ses déménagements successifs après le retour à Paris, sans oublier bien sûr les effroyables douleurs dans la bouche dès que s'éveillera le cancer qui l'emportera. Des admiratrices l'assaillent, lui-même s'en accommode, puisqu'il « faut toujours un peu de jupon dans la vie ». Il donne régulièrement des nouvelles de leurs amis communs. Dans son édition impeccablement établie, Jean-Marie Seillan parle d'un Huysmans « plus contrasté et plus rugueux » que celui que nous connaissions. Il s'agit d'un document saisissant. Souhaitons maintenant que les projets d'édition des correspondances avec Georges Landry et Lucien Descaves aboutissent dans un avenir proche, tant Huysmans n'est pas seulement un écrivain, mais aussi une âme vibrante avec laquelle cheminer dans sa propre existence. **Charles Ficat**

Vilna Tango, de Thierry Clermont, Stock, 270 p., 20,90 €

« Qu'est-ce qui fait que la Lituanie soit si lituanienne ? » se demande Thierry Clermont. Flâneur hanté par des réminiscences érotiques, féru de nécropoles, l'écrivain déambule à Vilnius et à Kaunas, laissant libre cours à sa rêverie vaporeuse comme il l'a fait auparavant à Venise, à La Havane, à Galway et à Long Island. Il y rencontre des intellectuels et des artistes qui l'orientent sur le chemin de sa quête. Conversations à la terrasse d'un café, errance urbaine ou pèlerinage historique : la visite du site du massacre de Ponary, haut lieu de la « Shoah par balles » (des dizaines de milliers de juifs y furent exécutés par les Einsatzgruppen de 1941 à 1944), se déploie comme un arrière-plan lugubre contre lequel se répercutent les arrière-pensées morbides de l'auteur. « Une fois encore, je balançais entre deux femmes appartenant à un passé que je n'arrivais pas à digérer, deux pieuvres s'agitant au fond de moi, coincé que j'étais dans ma coquille ballottée de façon irrationnelle entre les souvenirs intimes et les contrées lointaines. »
Si l'on en croit ce dandy des lettres à l'âme intuitive, la Lituanie est un pays propice à la maturation de figures étranges, à tiroirs, dont l'esprit « colimaçonné », pour reprendre l'expression de Samuel Taylor Coleridge, est aussi fascinant qu'insaisissable. C'est le propre de nations dont l'idiome est quasi confidentiel ; on y prend goût à l'ésotérisme dès l'enfance. La « lituanité » est

une notion floue, complexe, versatile et tout empreinte de pudeur. Comme l'observe Kristina Sabaliauskaitė, une historienne de l'art originaire de la « ville-palimpseste » de Vilnius : « Ici, l'invisible, le caché constituent ce qu'il y a d'essentiel. *[...]* Comme dans le triangle des Bermudes, il y a une anomalie magnétique. La logique de la vie n'y fonctionne pas comme ailleurs. » Le critique d'art naturalisé américain Bernard Berenson est emblématique à cet égard : de sa naissance à Vilnius en 1865 à sa mort à Florence en 1959, sa vie méandreuse est jalonnée de conversions religieuses ou politiques qui semblent vouées à donner le change, sa grande expertise en matière de « vieux maîtres » lui ayant permis de camoufler des authentifications parfois douteuses.
Au demeurant, Clermont charrie, au double sens du terme. Ponctué de photographies en noir et blanc, à l'instar des livres de W.G. Sebald, et foisonnant d'informations en vrac, son récit se présente comme une invitation à les défricher, à les glaner et à les tresser en sa compagnie dans une farandole onirique.
Lucien d'Azay

Ann d'Angleterre, de Julia Deck, Seuil, 250 p., 20 €

Un jour, les mères meurent. C'est dans l'ordre des choses. C'est ce qui a terrifié Julia Deck pendant des années. Et puis, un jour, arrive l'inévitable. « C'est aujourd'hui, c'est maintenant. C'est l'instant qu'à force d'appréhender j'ai perversement désiré pour savoir s'il se produirait *[...]* et quand et comment, et ce qu'il adviendrait de moi. » La fille découvre sa mère inerte sur le sol de sa salle de bains. Les pompiers l'emmènent à l'hôpital. Accident cérébral. Commence alors un véritable calvaire. La mère devrait mourir, pourtant elle continue de vivre. Sa fille va se battre contre vents et marées pour accompagner le plus décemment possible dans l'extrême vieillesse et la perte d'autonomie celle qui lui a donné la vie. Dans ce combat, les soignants, trop peu nombreux, se révèlent dépassés. Ne reste que l'écrivaine pour s'occuper de cette femme aux racines anglaises qui a, comme elle, une passion pour la littérature. Le récit de cette mort annoncée, de ce lent déclin, aurait pu être insoutenable. Ce n'est pas le cas. Julia Deck a fait le choix de raconter en parallèle sa mère du temps de sa splendeur. Sa vie en Angleterre. Son arrivée en France. La découverte de la vie de couple et la naissance de son enfant. Les chapitres alternent. Ceux à la première personne du singulier. Ceux à la troisième. D'un côté Ann à l'hôpital. De l'autre Ann d'Angleterre. L'ensemble fonctionne à merveille et l'humour *so british* de la romancière dans le récit des jeunes années de sa mère fait mouche. On y découvre une femme d'origine modeste qui ne vit que pour et par les livres. « Emily Brontë et Jane Austen lui parlent comme si c'étaient des amies. » Le jour où sa fille publie son premier roman, sa fierté est à son paroxysme. Cette dernière, auteure de *Viviane Élisabeth Fauville,* ne s'était jamais aventurée sur le terrain autobiographique. « Pour ma part j'ai choisi mon camp il y a longtemps : le roman romanesque à personnages et intrigue. » Sauf que l'accident va rebattre les cartes. En résulte un livre aussi poignant que drôle sur la relation mère-fille. Une réussite. **Alexandra Lemasson**

Révolution bambou, de Jeanne Pham Tran, Éditions des Équateurs, 202 p., 19 €

Protéiforme, polyvalent, biodégradable, le bambou présente aussi l'avantage de pousser vite ; six fois plus solide à la traction que l'acier, il est plus flexible que le béton à la compression. Il stocke l'eau et dépollue les sols ; sa résilience régénère l'écosystème et permet de bâtir des structures modulables à faible coût. Ce matériau souple et durable est une manne économique, un « or vert ». Essentiel à la vannerie depuis l'aurore des temps, il entre dans la composition de quantité d'objets d'usage courant. C'est dans une tige de bambou que l'on fabrique la flûte *shakuhachi*, emblème du bouddhisme zen, qui « sculpte des formes sonores pour magnifier le silence », observe Thomas Goulpeau, facteur de flûtes à Figeac.

En une quarantaine de chapitres brefs et denses, Jeanne Pham Tran aborde les innombrables vertus pratiques, écologiques, voire thérapeutiques de cette plante tropicale dont on pourrait tirer profit en Europe, comme en témoignent la bambouseraie d'Anduze et le labyrinthe de la Masone, que l'éditeur Franco Maria Ricci a réalisé près de Parme avec quelque 200 000 plants de bambou.

Il suffit d'observer sa tige télescopique pour se rendre compte que le bambou s'inscrit dans une logique de partage et de transmission, favorisant les interactions entre êtres vivants. Son esthétique gracieuse est un modèle d'harmonie. Depuis toujours, en Asie, on l'associe au mysticisme, à la poésie et à la méditation. C'est pourquoi l'adoption d'un système bamboucentrique, ou bamboutantrique, serait révolutionnaire, selon Jeanne Pham Tran ; il inaugurerait une nouvelle ère : « Changer de paradigme avec le bambou, c'est sortir du système capitaliste, productiviste, hiérarchique, pyramidal, vertical, individualiste, inégalitaire et polluant, pour nous diriger vers un système de valeurs plus horizontal, à la fois souterrain et arborescent, global et solidaire, décroissant et *low-tech*, où l'on penserait le vivant comme un tout et un commun. » Partisane, comme Gilles Deleuze et Félix Guattari, d'une philosophie rhizomique, l'essayiste brandit cette panacée comme une baguette magique, au risque – c'est l'écueil des monographies dithyrambiques – de transformer sa marotte en tarte à la crème : « On nage en pleine "bamboumania" », remarque-t-elle avant de se demander si elle ne va pas se changer à son tour en bambou. Copieux comme un mille-feuille et aussi riche que les compilations de Mircea Eliade, ce manifeste écologique n'en reste pas moins prophétique à l'heure où il est urgent de sortir de l'anthropocène. **Lucien d'Azay**

Charles de Gaulle. L'angoisse et la grandeur, d'Arnaud Teyssier, Perrin, 656 p., 26 €

On a tant écrit sur de Gaulle que le lecteur peut à bon droit être méfiant. Mais il ne s'agit pas ici d'une glose ou d'une spéculation de plus sur un homme qui restera à jamais énigmatique. Avec *Charles de Gaulle. L'angoisse et la grandeur*, Arnaud Teyssier signe un livre d'une vaste ampleur qui, au-delà de l'homme, embrasse toute une époque. Depuis l'enfance de De Gaulle jusqu'à sa mort, l'auteur, qui a déjà publié deux essais sur le sujet – *De Gaulle, 1969, l'autre révolution* et *L'Énigme Pompidou-de Gaulle* (chez Perrin) –, retrace la vie et l'action d'une figure capitale du XXe siècle. Et ce sans occulter la dimension romantique et onirique d'un personnage qui s'est nourri, toute sa vie, de la lecture de Chateaubriand. « La seule querelle qui vaille est celle de l'homme. » Arnaud Teyssier démontre à quel point cette phrase ressassée n'est pas une vaine formule chez l'homme du 18 juin. Aussi machiavélien fut-il, de Gaulle n'a jamais perdu de vue son dessein. Non pas la quête de la puissance pour la puissance, mais cette « grandeur » qui inclut une vision civilisationnelle de la France comme héritière de Rome, de la chrétienté et aussi de la Révolution française. Une France qui soit en mesure de résister à la toute-puissance des empires, que ceux-ci soient germanique, soviétique ou américain. Arnaud Teyssier démontre, c'est un pan essentiel de son ouvrage, à quel point de Gaulle était conscient des menaces qui pesaient sur une France en déclin mais également sur un Occident livré à une forme d'anémie spirituelle. « Cet État qui avait fait si cruellement défaut en juin 1940 et qu'il laissait après lui pouvait aider, pensait-il, à affronter le nihilisme porté par une modernité sans Dieu et la mort des idéologies dont il avait pressenti l'imminence », écrit l'auteur en conclusion d'une réflexion riche de moult références littéraires, historiques et philosophiques. Nous croisons, au fil des pages, Barrès et Péguy, les deux grands inspirateurs de De Gaulle, Bergson et Jacques Maritain, ou encore le théoricien de la souveraineté Carl Schmitt, dont le gaulliste René Capitant s'inspira pour concevoir les institutions de la Ve République. L'historien insiste particulièrement sur la vision gaullienne de l'État, qui a été, selon lui, subvertie par une religion de l'État de droit que professent ceux-là même qui continuent parfois de se réclamer du général de Gaulle. On n'ose même pas imaginer ce que celui-ci penserait du spectacle politique français. Arnaud Teyssier nous le dira peut-être dans un prochain livre…

Paul-François Paoli

REVUE
DES DEUX
MONDES
97, rue de Lille, 75007 Paris
Tél. 01 47 53 61 50
N° ISSN : 0750-9278
www.revuedesdeuxmondes.com

Rédaction
Directrice **Aurélie Julia**
ajulia@revuedesdeuxmondes.fr
Secrétaire de rédaction **Caroline Meffre**
cmeffre@revuedesdeuxmondes.fr
Révision **Adrien Pearron**

FABRIQUÉ EN FRANCE
IMPRIM'VERT Votre imprimeur agit pour l'environnement
PEFC 10-31-1601 Ce produit est issu de forêts gérées durablement et de sources contrôlées

Communication, partenariats, publicité
Responsable du développement et des partenariats
Marie Pagezy
mpagezy@revuedesdeuxmondes.fr

Relations presse et éditeurs
Claudine Wéry
Tél. 01 47 53 61 55
cwery@revuedesdeuxmondes.fr

Société éditrice
La Revue des Deux Mondes est éditée par la Société de la Revue des Deux Mondes SNC au capital de 2 545 074 euros.

Principal actionnaire
Groupe Fimalac

Directeur de la publication
Thierry Moulonguet

Conseiller de la présidence
Franz-Olivier Giesbert

Imprimé en France par Aubin Imprimeur avec des encres blanches certifiées BLUE ANGEL sur du papier issu de forêts gérées durablement et façonné avec des colles écocompatibles à base d'hévéa.
Commission paritaire : n° 0325D81194

Abonnements (9 numéros par an format papier + numérique)
France 1 an › 89 euros – 2 ans › 165 euros
Abonnement étudiant 1 an › 65 euros
Étranger 1 an › 129 euros

Service des abonnements
En ligne : www.revuedesdeuxmondes.fr/abonnement.
Par courrier :
Revue des Deux Mondes
20, rue Rouget-de-Lisle
92130 Issy-les-Moulineaux
Tél. 01 44 70 14 71
revuedesdeuxmondes@abonnescient.fr

Ventes au numéro
Disponible chez les principaux libraires (diffusion Humensis, renseignements **Andrés Morales** 01 54 42 84 82, andres.morales@humensis.com, distribution Union Distribution) et marchands de journaux. Renseignements vente au numéro **Gilles Marti** 01 40 54 12 19, gilles.marti@valmonde.fr.
Ce numéro comprend un bulletin d'abonnement broché entre les pages 160 et 161.

Crédits Couverture, Collection de la succession Saint-Exupéry-d'Agay ; illustration p. 7, © Urbs.